우리를 구할
가장 작은 움직임,
원헬스

ONE HEALTH

우리를 구할
가장 작은 움직임,
원헬스

듣똑라 지음

중앙**books**

인간·동물·환경의 공존을 위한
원헬스 프로젝트를 시작하며

'듣똑라'라는 이름으로 한 권의 책이 세상에 나오다니, 참 감격스럽습니다. 마음 맞는 동료들과 듣똑라를 시작한 것이 2019년이었습니다. 우리 세대의 더 똑똑한 삶, 더 나은 삶을 위한 뉴미디어를 만들어 보자는 미션 하나로 시작한 도전이었는데요. 지난 2년 반 동안 듣똑라는 팟캐스트에서 유튜브로 무대를 넓혔고, 총 52만 구독자의 사랑을 받는 미디어로 성장했습니다. 이 책은 듣똑라가 가는 긴 여정의 중요한 이정표가 될 것입니다.

'원헬스' 프로젝트는 2020년 코로나-19의 공포 한가운데에서 시작했습니다. 인류의 건강이 심각한 위협을 받고 있는 지금, 이 혼란스러운 상황을 듣똑라만의 시각으로 진단해 보자는 주문에 홍상지 기자가 제안한 프로젝트였습니다.

인간의 건강이 동물, 환경의 건강과 하나로 연결되어 있다는 '원헬스 삼각형'은 코로나-19의 근본적인 원인과 해결책을 제시하는 주요한 열쇠였습니다. 원헬스라는 거대한 틀 안에서, 구체적인 지식과 혜안을 나눠주신 전문가 선생님들께 감사의 말씀을 올립니다.

무엇보다도 이 기획의 마지막 조각은 듣똑라의 구독자인 '듣똑러'였습니다. 원헬스 프로젝트는 처음부터 독자 참여형 프로젝트로 기획했는데요. 홍상지 기자가 콘텐트를 총괄했다면, 김수지 마케터는 SNS 채널에서 원헬스라는 개념을 일상 속 실천의 단계로 가져올 수 있는 방식을 고민했습니다. 인간, 동물, 환경의 건강을 지킬 수 있는 실천 방법을 제안하고 참여를 유도하며 우리가 함께 세상을 바꾸고 있다는 감각이 공유되기를 바랐습니다. 취지에 공감하고 함께한 듣똑러 여러분께서 이 프로젝트를 완성했다고 생각합니다. 언제나 감사합니다.

언젠가 코로나-19의 종식을 알리는 공식 발표가 있겠죠. 아직 오지 않은 그날이 벌써 그립지만, 이 고통의 시기를 어떻게 헤쳐나가고 있는지 잊지 않고 잘 기억하려 합니다. 그래야 또 다른 재앙을 막을 수 있을 테니까요. 이 책이 코로나-19를 기억하고 기록하는 중요한 자료가 되기를 바랍니다.

원헬스에 모두 한마음이었던 팀 듣똑라, 이 책을 제안해주신 중앙북스 관계자 여러분, 늘 격려와 지원을 아끼지 않는 회사 선후배께 감사의 말씀을 드립니다.

들똑라는 앞으로도 다채로운 관점을 제안하고 새로운 시대를 읽는 지식을 전달하겠습니다. 꾸준하고 성실하게 가 보려고 합니다. 늘 함께해 주시길.

2021년 여름
김효은 들똑라 팀장

차례

프롤로그
인간·동물·환경의 공존을 위한 원헬스 프로젝트를 시작하며 ⋯ 4

1장 코로나-19 그리고 원헬스

하나의 건강, 원헬스 프로젝트 ⋯ 15
왜 전염병이 반복되는 걸까? ⋯ 23
바이러스에게 깔아 준 비단길 ⋯ 30
기후변화가 일으키는 나비효과 ⋯ 36
최소한 나라도, 아주 작은 변화라도 ⋯ 42

같이해요! 원헬스 프로젝트 ⋯ 50
다 같이 반 발짝이라도 나아가는 법 ⋯ 51

2장 인간 그리고 동물 _____

점점 가까워지는 인간과 동물 ··· **59**

'관계'에 주목하면 실마리가 풀린다 ··· **65**

신종 코로나 바이러스는 예견된 사건 ··· **73**

동물이 동물답게 살 수 있으려면 ··· **77**

'불편함'을 더 이상 외면하지 않길 ··· **87**

같이해요! 원헬스 프로젝트 ··· **94**

오늘의 메뉴를 지구와 함께 고민하다 ··· **95**

3장 동물 그리고 환경 _____

동물을 연구하는 마음 ··· **103**

극지대에서 실감하는 기후변화 ··· **113**

지구온난화라는 부메랑 ··· **123**

멸망을 막는 0.5도의 차이 ··· **132**

채식은 기후에 얼마나 영향을 미칠까 ··· **139**

나의 소비가 많은 것을 바꾼다 ··· **146**

같이해요! 원헬스 프로젝트 ··· **152**

뭔가를 '하기' 보다 '안 하는' 것이 중요한 때 ··· **153**

4장 환경 그리고 인간 _____

일회용 없는 세상, 가능할까? … 161

일상 깊숙이 들어온 플라스틱 폐기물 … 172

우리는 일회용이 아니니까 … 179

나도 비건이 될 수 있을까? … 189

육식에 대한 고민이 필요할 때 … 195

개인이 가진 영향력을 믿어요 … 203

기후 위기는 우리의 미래를 훔치고 있어요 … 209

학교에선 가르치지 않는 환경 문제 … 218

모두의 반 발짝이 모인다면 … 228

같이해요! 원헬스 프로젝트 … 234

느리지만 확실하고 소중한 변화 … 235

에필로그 나 하나가 뭔가를 바꿀 수 있을까? … 238

부록 듣똑라가 추천하는 원헬스 콘텐트 … 242

코로나-19
그리고 원헬스

코로나-19로 인해 많은 일상이 바뀌었습니다. 팬데믹 시대에 쉽게 할 수 없는 일들을 하나둘 떠올려보기도 합니다. 마스크 없이 즐기는 파티, 자유롭게 떠나는 해외여행 등등…. 그런데 우리 바람처럼 코로나-19가 사라지면 예전의 일상을 되찾을 수 있을까요? 아니 그전에, 팬데믹 시대가 저물긴 할까요?

'코로나 블루'라는 말도 생겼습니다. 코로나-19와 '우울한'이라는 뜻이 담긴 영어 '블루blue'가 합쳐진 단어인데요. 코로나 사태가 장기화되면서 많은 사람이 우울함과 무력감을 느끼는 현상을 뜻합니다. 전문가들은 이런 우울증을 겪는 사람들에게 청소나 산책 등 일상 속 작은 활동부터 해 보라고 조언하곤 합니다. 작은 일부터 하나씩 해내며 느끼는 소소한 성취감들을 쌓아 보라는 겁니다. 그러면 일상이 좀 더 활기를 띠고, 더 적극적으로 생활할 수 있게 된다고 하네요. 무력감에 지지 않으려면 한 사람 한 사람이 할 수 있는 것을 찾아야 하고, 동시에 함께 연대할 방법을 모색해야겠죠.

평범한 우리가 할 수 있는 것을 찾다가 주목하게 된 것이 바로 '원헬스'라는 개념입니다. 인간과 동물, 그리고 환경의 건강이 서로 긴밀히 연결돼 있다고 말하는 이 개념은, 처음에는 생소했지만 듣고 보니 너무나 당연해 보였습니다. 왜 우리는 그동안 원헬스에 대해 모르고 있었을까요? 원헬스의 관점으로 세상을 볼 수 있다면 더 건강한 삶을 영위할 수 있을까요? 과연 세상을 더 좋은 곳으로 만들 수 있을까요?

이런 궁금증으로 듣똑라는 원헬스 프로젝트를 기획했습니다. 팬데믹 시대에 많은 분이 품고 있는 의문과 불안을 듣똑라 멤버들도 가지고 있었습니다. 김효은, 이지상, 이현, 홍상지 기자를 비롯한 듣똑라 팀이 이 분야의 전문가는 아닙니다. 그러나 이 분야 최고 전문가들을 섭외하고, 관련 책이나 논문을 철저히 조사하고 취재에 나섰습니다. 심층 인터뷰와 다양한 자료 조사로 사회 현상의 맥락을 깊이 있게 전하는 일은 '듣똑라'가 그동안 가장 잘해 온 일이었거든요. 그렇게 듣똑라의 구독자 '듣똑러'와 함께 우리가 할 수 있는 건 어떤 것이 있을지 차근차근 알아가 보기로 했습니다.

지금부터 코로나 시대, 그리고 포스트코로나 시대에 우리가 왜 원헬스 개념에 주목해야 하는지, 이 책을 통해 방송에서보다 더 깊은 이야기를 나누려고 합니다. 그럼 듣똑라의 대화를 한번 들어 보시겠어요?

김효은 문화부 기자로 살면서 영화, 음악, 책을 쉬지 않고 '덕질'했던 양분으로 지금 듣똑라의 콘텐트를 기획하고 있다. 판을 설계하고 벌이는 것을 좋아한다. 듣똑라가 MZ세대의 더 나은 삶을 위한 뉴미디어가 될 수 있도록 최선을 다하고 있다.

이지상 12년 차 기자. 여러 부서를 돌아다녔지만 국회를 가장 마음 쓰며 열심히 취재했다. 듣똑라에서 정치 콘텐트를 만든다. 불평등, 계층 분화 문제에 관심이 많다. 듣똑라에 합류하며 자신도 '좋은 사람'이 되고 싶어졌다.

이현 경제학이 적성에 맞지 않아 언론사 기자가 되었지만 결국 전공인 경제·산업 분야를 주로 취재하고 있다. 듣똑라의 경제 콘텐트를 만들면서 '차가운 머리와 따뜻한 가슴'의 진짜 의미를 알아가는 중이다.

홍상지 사회부 기자로 오랫동안 일했다. 듣똑라에서도 주로 사회 분야 콘텐트를 만든다. 주 관심사는 페미니즘과 동물권, 기후변화. 사회에서 쉽게 지워지는 존재들을 기억하고 그걸 콘텐트로 이어가기 위해 노력 중이다.

하나의 건강, 원헬스 프로젝트

인간과 동물 그리고 환경은 운명 공동체라는 것, 이것이 바로 원헬스의 핵심이다. 원헬스는 아직은 대부분에게 생소한 개념이다. 하지만 전 세계가 코로나-19의 위협 속에서 휘청거리고 있는 지금, 무엇보다도 주목해야 할 키워드다.

홍상지 안녕하세요. 일단 "원헬스가 뭐지?" 하는 분도 많을 것 같아요. 혹시 세 분은 원헬스One Health 라는 단어를 들어 보셨나요?

이지상 사실 들똑라 팀원들은 홍상지 기자로부터 귀에 못이 박이도록 자주 들었죠. 인간, 동물, 환경 모두의 건강이 하나로 연결되어 있기 때문에, 질병 예방을 위해서는 이 모두의 건강을 통합 관리해야 한다는 개념이잖아요. 맞죠?

홍상지 네, 정확해요. 원헬스는 2000년대 초에 세계동물보건기구OIE가 고안한 개념인데요. 인간을 포함한 동물, 환경 등 생태계의 건강이 모두 연결되어 있다는 인식에서 출발해요. 이러한 인식을 바탕으로 인간, 동물, 환경 등 각 분야에 최적의 건강을 제공하기 위해 세운 협력 전략이라고 설명할 수 있겠네요.

김효은 코로나-19가 발생하면서 보건 정책도 원헬스 관점으로 재편해야 한다는 이야기가 나오고 있다면서요.

홍상지 맞아요. 현재 우리나라에서는 인간의 건강은 보건복지부, 동물의 건강은 농림축산식품부나 해양수산부, 환경의 건강은 환경부 등에서 관리하고 있잖아요. 그런데 우리의 건강을 위협하는 요인들은 갈수록 점점 복잡해지고 불확실성도 커지고 있어요. 인간의 질병이 동물의 건강에 영향을 끼치기도 하고, 이상기후가 동물이나 인간 질병의 원인이 되기도 하죠. 당장 코로나-19도 사람과 동물 사이에서 상호 감염되는 '인수공통감염병'이었잖아요.

이현 사실 우리나라에서도 2018년에 보건복지부가 원헬스를 새로운 건강 정책 패러다임으로 지

정했었대요. 그런데 당시에는 크게 주목받지 못했죠. 그러다 코로나-19 사태를 겪으면서 인수공통감염병이 이렇게 무서운 것이고, 우리의 일상을 한순간에 무너뜨릴 수 있다는 걸 실감하면서 원헬스가 다시 관심을 얻고 있는 거예요.

홍상지 원헬스의 개념은 말씀드렸듯이 매우 간단해요. 인간 차원으로만 생각해봐도 인간의 질병을 예방하기 위해서는 동물과 생태계 전체의 건강이 통합 관리되어야 한다는 건데요. 2003년 중증급성호흡기증후군, 즉 사스SARS가 유행하면서 전 세계적으로 환경 보건, 동물 보건, 공중 보건 분야를 하나의 보건 체계 '원헬스'로 통합하려는 운동이 본격화됐어요.

김효은 먼저 학술적 개념으로 '원헬스'라는 말이 나왔군요.

홍상지 지금도 세계보건기구WHO, 유엔식량농업기구FAO, 세계동물보건기구OIE는 원헬스를 바탕으로 협력 체계를 강화하고 있어요. 예를 들어 야생동물의 질병이나 이동 반경을 조사한다고 하면, 그 조사를 세계동물보건기구 혼자 하는 게 아

원헬스의 정의

원헬스는 인간의 건강이 동물 및
우리를 둘러싼 환경과 연결되어 있다는 개념입니다.
하나를 보호하면, 모두를 보호할 수 있습니다.

원헬스의 대상

인수 감염	만성질환	노동 위생	항생물질 내성
정신 건강	환경 위생	매개체 전염병	식품 안전과 보장

출처: 미국 질병통제예방센터(CDC)

니라 세계보건기구와 공조해서 야생동물의 경로
와 동물과 인간의 신종 감염병 위협 요인을 함께
분석하는 식인 거죠.

이현 원헬스는 의학·수의학계에서는 이미 통용
되는 개념이라고 해요. 예를 들어 미국 질병통제
예방센터CDC에는 원헬스 담당 부서가 따로 있어
농무부 등 다른 부처와의 협력 체계를 강화하고
있고요. 최근 국내에서도 정부 주최로 매년 원헬
스 포럼이 열려 어떻게 해야 인간과 동물, 환경 사
이에 통합된 보건 체계를 구축할 수 있을지 논의
하고 있습니다.

홍상지 제가 원헬스라는 단어에 관심을 갖게 된 계
기가 있어요. 코로나-19가 전 세계에 번지면서 저
는 이런 고민이 들었어요. '코로나-19가 떠난 포
스트코로나 시대는 지금과 얼마나 달라져 있을
까?' '코로나-19 이후 다른 감염병이 또 찾아오지
않을 거란 보장이 있을까?' 등등 이런 막연한 고민
들이오. 바이러스가 어떻게 우리 삶을 침범하는
지 보면서, 우리의 근본적인 생활 방식에 문제가
없는지 돌아보게 되더라고요.

김효은 실제로 코로나-19 사태가 끝나도, 앞으로 변이 바이러스가 많이 나올 거라는 예측이 있죠. 또 다른 바이러스 감염병이 등장할 수 있고요.

홍상지 네, 그래서 원헬스 관련 책과 콘텐트를 열심히 찾아봤어요. 코로나-19, 그 이전에 메르스와 사스 등 우리가 겪은 바이러스 감염병의 70퍼센트 이상이 동물과 인간이 상호 감염될 수 있는 인수공통감염병인데요. 그렇기 때문에 인간, 동물, 환경의 건강을 하나만 떼어 놓고 생각할 순 없다는 겁니다.

이현 지금까지 생각 못 한 게 이상할 정도로 아주 당연한 이야기처럼 들려요.

홍상지 그렇죠? 보건 의료 차원을 넘어서, 원헬스라는 개념을 코로나-19 이후 더 근본적인 우리 삶의 방향으로 설정할 수 있겠다는 생각이 들었죠. '인간이 신종 감염병이나 질병에 걸리지 않고 건강하려면 동물과 환경의 건강도 같이 관리해야 한다'는 생각은 어찌 보면 지극히 인간 중심적인 개념이기도 한데요. 하지만 우리가 무언가 깨닫고 행동하게 되기까지의 과정을 보면 '어, 이게 바로 내 이야기였네!' 싶을 때 움직임이 확 증폭되잖아요. 이런 방식의 원동력으로 원헬스 프로젝트를 시작하고 싶어요.

왜 전염병이 반복되는 걸까?

인류에게 전염병이 유행한 것은 이번이 처음이 아니다. 그런데 이번 코로나-19는 왜 유독 충격이 큰 걸까? 그동안 인류를 흔들어 놓은 전염병의 역사를 살펴보고, 코로나-19는 다른 전염병과 어떻게 다른지, 이토록 빨리, 넓게 확산한 이유는 무엇인지 알아보자.

이지상 과거를 돌이켜보면 감염병은 주기적으로 반복되고 있었어요. 2003년 사스, 2009년 신종플루, 2015년 메르스, 2016년에는 해외에서 에볼라 바이러스가 퍼졌었죠. 그 사이에도 '감염 발생 지역 반경 몇 킬로미터 내에 있는 가축을 모두 살처분했다'라는 말과 함께 구제역, 조류독감, 돼지열병 같은 감염병도 잊을 만하면 뉴스에 나오고요.

김효은 세계경제포럼wef이 발간한 〈2021 글로벌 리스크〉 보고서에 따르면 앞으로 10년 내에 지구촌에 발생할 수 있는 위험 요인 35개 중에서 부정적인 충격이 가장 큰 요인 1위가 바로 전염병이었어요. 코로나-19 사태로 사망자가 속출하고 경제가 위축되는 현재 상황이 반영된 거죠.

이지상 사스, 신종플루, 메르스, 코로나-19 등 바이러스 감염병은 계속 이름만 바뀐 채 반복되고 있잖아요. 넷플릭스 다큐멘터리 〈익스플레인: 세계를 해설하다〉(2019)에서 빌 게이츠가 2019년 5월에 이런 말을 해요. "팬데믹은 과거에 있었던 대규모 전쟁에 필적할 겁니다. 인류의 피해는 어마어마할 것이고 경제는 멈출 것입니다. 이 문제에서 자유로울 나라는 없습니다."

김효은 2020년 1월 국내 첫 코로나-19 확진자가 나왔는데 그 말 이후 1년도 채 안 돼 팬데믹과 맞닥뜨린 거네요.

홍상지 인간이 모르는 야생동물 바이러스는 약 150만 개로 추정된다고 해요. 우리가 파악하고 있는 바이러스는 이 중 1퍼센트도 채 안 되고요. 150만 개의 바이러스 중 하나가 지금 당장 인류로 흘러들어가도 이상할 건 없어요. 사실 전문가들은 오래전부터 경고해 왔죠.

21세기 인류를 위협한 인수공통감염병

2002

중증급성호흡기증후군 (SARS)

야생 박쥐와 사향고양이로부터 전파된 신종 전염병으로, 중국에서 처음 발생하여 수개월 만에 전 세계적으로 확산했다.

2003

고병원성 조류인플루엔자

1997년 홍콩에서 처음으로 발견되었으며 우리나라에서는 2003년부터 나타났다. '조류독감'이라고도 부르며, 다른 조류인플루엔자와 달리 사람과 조류 사이의 감염이 확인되었다.

2009

신종플루

돼지에서 발생한 바이러스로 '돼지독감 바이러스'라고도 불린다. 멕시코와 미국에서 시작해 전 세계로 확산했다.

2012

중동호흡기증후군 (MERS)

사우디아라비아 등의 중동 지역을 중심으로 확산한 급성 호흡기 감염병으로, 야생 박쥐와 낙타로부터 전파됐다.

2016

에볼라 바이러스

1976년 중동과 서아프리카에서 시작된 바이러스로 원숭이나 과일박쥐를 매개 동물로 추정한다. 2013년에는 기니에서 시작되어 2016년까지 서아프리카를 휩쓸었다.

2019

코로나 바이러스감염증-19 (COVID-19)

중국 우한에서 시작되어 전 세계로 확산했다. 박쥐 등의 야생동물로부터 전파된 것으로 추정된다.

이현 쓸쓸한 건, 코로나-19가 조금씩 전 세계로 퍼져 나가던 초반만 해도 각국 정상들은 그 위험성을 축소하기에 바빴다는 거예요. '동요하지 말고 우리 일상을 살면 된다'고 사람들을 안심시켰어요. 그럼에도 불안을 거둘 수 없던 사람들은 '적'을 만들어 냅니다. 코로나-19가 최초로 발견된 곳이 중국 우한인데 이 때문에 중국인을 넘어 아시아인까지 특정 인종을 혐오하는 현상이 짙어졌죠. 그사이 코로나-19는 걷잡을 수 없이 번졌고, 이젠 국가가 개인의 이동권을 강력하게 제한하는 상황까지 왔습니다. 바이러스의 확산 속도가 인간이 통제할 수 있는 범위를 넘어선 겁니다.

홍상지 의학 기술은 계속 발전하고 있는데, 인수공통감염병은 주기적으로 반복됩니다. 왜 막지 못하는 걸까요? 많은 감염병 전문가는 이렇게 설명해요. 인간과 동물, 문명과 야생과의 거리가 시간이 지날수록 점점 더 가까워지고 있기 때문이라고요. 감염병을 일으키는 바이러스는 스스로 증식하지 못하기 때문에 하나의 숙주에 기생해요. 살아남으려면 숙주 안에서 계속 자기 복제를 하거나 지금 기생하는 숙주보다 더 안정적인 숙주로 옮겨가서 유전자를 변이하는 것이 바이러스의 숙명입니다.

최근 발생한 신종 감염병 대부분이 인수공통감염
병이었다고 말했었죠. 그 뜻은 사람과 동물의 접
촉이 빈번해졌다는 거예요. 바이러스가 충분히 옮
겨가기 쉬운 환경이 된 것이죠.

김호은 우선 인간이 토지 개발 등의 명목으로 생태
계에 침범하면서 인간과 야생동물의 접촉 빈도가
높아졌죠. 육류 소비가 늘면서 가축도 대량으로
사육하고요.

홍상지 그리고 자동차, 비행기, 배 등 이동 수단이
발달하면서 한 나라에서 다른 나라로, 아니 다른
대륙으로도 과거보다 더 자유롭게 이동할 수 있게
됐잖아요. 그만큼 한 바이러스가 아주 좁은 지역
에서 발생했다고 해도 숙주의 이동이 자유로워졌
으니 과거보다 더 큰 전파력을 가지게 된 겁니다.
우리나라 반대편에서 번지고 있는 바이러스 전염
병도 안심할 수 없다는 이야기입니다.

이현 바이러스를 갖고 있던 동물과 인간이 어떤
방식으로든 접촉할 수 있었기 때문에 그 바이러
스가 인간에게도 옮겨 갈 수 있었다는 거죠? 코로
나-19 같은 경우에는 숙주 동물이 박쥐일 가능성

이 가장 크다고 해요. 야생동물을 식재료로 거래하는 중국의 재래시장에서 퍼졌다는 이야기도 있고, 연구소에서 생물학 실험을 하다 감염이 시작됐다는 주장도 있어요. 하지만 아직 원인이 명확히 밝혀지진 않았어요.

이지상 이야기를 나누다 보니 사람 간 거리두기뿐 아니라 사람과 야생동물 간의 거리두기가 시급하다는 생각이 드네요. 세계보건기구에서도 인간 감염병의 70퍼센트 이상이 야생동물에서 유래됐다며 각국에 야생동물 거래를 즉각 중단하라고 촉구했습니다. 도시에 사는 사람에게는 나와 상관없는 이야기처럼 들릴지 모르겠지만, 우리 주변에도 야생동물 카페가 있어요. 그동안 별도의 허가 없이도 야생동물을 체험하는 공간을 운영할 수 있었기 때문에 감염 예방 조치가 잘되는 건지에 대한 우려가 있었죠. 하지만 2020년 12월에 환경부에서 동물원 허가제를 공표해서 이제는 동물원의 요건을 갖춘 곳만 야생동물을 사육할 수 있다고 하네요.

홍상지 넷플릭스 다큐멘터리 〈팬데믹-인플루엔자와의 전쟁〉(2020)을 보면요. 거기서 한 바이러스

연구자가 이런 이야기를 해요. "1918년에는 스페인 독감으로 수천만 명 이상이 죽었다. 그때는 비행기도 없었고 매일같이 아시아에서 아메리카 대륙으로 여행하는 사람도 없었다. 수천 마리의 돼지와 닭을 키우는 공장식 축사도 없었다. 하지만 이젠 있다. 그러니 수억 명의 사람들이 다음 범유행 감염병에 희생자가 될 수 있다. 1918년에 창궐했던 독감 바이러스처럼 전염성이 강한 감염병이라면 말이다" 저는 이 말이 크게 와닿고 무겁게 느껴지더라고요.

바이러스에게 깔아 준 비단길

인간과 동물 사이에서 상호 전파되는 전염병을 뜻하는 인수공통감염병. 현대에 이르러 반복되는 인수공통감염병의 원인은 무엇일까? 특히 중요한 원인 중하나로 꼽히는 공장식 축산의 문제점을 살펴보자.

홍상지 왜 현대 사회에서 인수공통감염병이 반복되고 있는지 주요 국제기구에서는 코로나-19 이전부터 분석을 해 왔는데요. 2004년에는 세계보건기구, 유엔식량농업기구, 세계동물보건기구에서 이 문제에 대해 논의하고 〈콜레라 발병: 대응평가 및 대비 개선책Cholera outbreak: assessing the outbreak response and improving preparedness〉이라는 보고서를 낸 적이 있어요. 그 보고서를 보면 동물성 감염병의 주요 요인들을 나열하고 있더라고요. 그중에는 야생동물을 포획해서 잡아먹거나 반려동물용으로 밀반입해 거래하는 행위도 있었습니다. 인간의 고기 위주 식습관이 육류 소비를 폭발적으로 늘어

나게 했다는 점도 원인으로 지적하죠. 그리고 이
걸 가능하게 한 '공장식 축산 Factory farming'도요.

김효은 돼지나 소, 닭 같은 가축들이 햇빛도 잘 안
들어오는 사육장에서 밀집돼 대량으로 사육되는
것을 공장식 축산이라고 하는데 이게 저는 바이러
스 감염병과 연결돼 있다는 점이 놀랍기도 하면서
안타까웠어요. 우리가 지금 먹고 있는 고기 또한
대부분 공장식 축산으로 생산된 것이잖아요.

홍상지 공장식 축산 시스템에서 가축들은 더 빠르
게 성장하도록 품종이 개량된다고 해요. 그래야
금방 도축할 수 있으니까요. 그렇게 한 마리 한 마
리가 동일한 유전적 특성을 가진 상태로 빽빽하게
모여 사육됩니다. 대형 축사는 보통 도심이 아닌,
야생동물이 서식하던 외곽 지역을 개발해 지어지
는 경우가 많아요. 바이러스를 지닌 야생동물이
서식지를 잃고 인근 농가에 먹이를 찾으러 왔다가
거기 있던 가축을 감염시킨다면? 밀집된 축사 동
물 전체로 질병이 퍼지기 쉬워집니다. 또 햇빛이
거의 들어오지 않는 좁은 공간에서는 가축도 스트
레스를 받아요. 그만큼 면역력이 약해져 감염병
에 더 취약해진다는 분석도 있습니다.

이현 그런 뉴스들 자주 보잖아요. '농가나 축사에서 사육되던 동물들이 질병에 집단으로 감염돼 폐사했다'는 뉴스요. 조류독감이나 구제역의 발생지를 중심으로 인근 농가 동물들을 다 살처분 처리했다는 뉴스도 반복됩니다. 실제로 2011년 이후 7년간 감염병으로 살처분한 가축 수는 7,500만 마리에 달한다고 합니다. 이런 가축 감염병은 비단 가축뿐 아니라 축산업 종사자에게도 바이러스가 변이해 옮겨질 수 있다고 해요. 동물의 감염병이 사람의 건강에도 영향을 미치게 되는 겁니다.

홍상지 예를 들면 20세기에 스페인 독감으로 수천만 명이 사망했어요. 많은 전문가는 스페인 독감의 원인으로 돼지를 꼽아요. 흔한 동물성 감염병으로 조류독감이 있잖아요? 근데 조류독감은 인간을 감염시키지 못해요. 인간이 걸리는 독감 역시 조류를 감염시키지 못하고요. 그런데 돼지는 조류독감에 감염될 수 있어요. 이 과정에서 돼지 안에 있던 조류독감 바이러스가 변이를 일으켜 사람도 감염시킬 수 있는 치명적인 독감 바이러스가 된 거죠.

이지상 바이러스가 동물에서 인간으로 넘어가는 게 쉬운 일은 아니라고 들었어요. 종이 다르니까요. 바이러스가 종을 넘어가서도 살아남으려면 해당 종에 맞게 스스로 변이해야 한다고 합니다. 그러기 위해서는 그만큼 인간과 동물이 자주, 오래 접촉해야 가능한 일이라고 하더라고요. 새로운 종에 바이리스도 적응할 시간이 필요하니까요. 이처럼 감염병이 종과 종 사이를 넘나드는 게 어려운 일임에도 새로운 인수공통감염병이 계속 발견되고 있다는 점에서 이 사안을 심각하게 생각해야 해요.

홍상지 한 동물의 바이러스가 다른 동물에게로 옮겨 가는 것을 '스필오버spillover'라고 한대요. 코로나-19가 박쥐에서 인간으로 옮겨 간 것도 스필오버라고 말할 수 있겠죠.

이지상 또 코로나-19로 식량 안보 문제가 제기되고 있잖아요. 공장식 축산처럼 인간이 보다 편하고 풍족한 삶을 위해 하던 행위들이 바이러스에게 비단길을 깔아 주고 있었던 거라고 볼 수 있겠네요.

김효은 인간에게서 동물로, 역감염되는 일이 많아

진 것도 인수공통감염병이 늘어난 원인이라고 해요. 실제로 개나 고양이 같은 동물이 사람과 접촉한 뒤에 코로나-19에 감염된 사례가 나왔죠. 이런 역감염은 동물과 사람 사이를 오가면서 변이를 일으키고, 변이된 바이러스가 나오면 감염병을 통제하기가 더더욱 어려워져요.

홍상지 스티븐 소더버그가 감독한 영화 〈컨테이전〉(2011) 혹시 보셨나요? 갑자기 출현한 신종 감염병이 전 세계로 퍼지면서 팬데믹 상황이 벌어지는 이야기예요. 마치 지금의 상황을 예견하는 것 같아서 소름이 끼치더라고요. 영화의 백미는 인류를 위협한 감염병의 전파 경로를 보여주는 마지막 1분인데요. 지금까지 우리가 인수공통감염병에 대해 설명한 내용을 시각적으로 잘 보여줍니다.

이현 가끔 뉴스나 책에 이런 이야기가 나오잖아요. '5초마다 축구장 크기의 숲이 인간의 개발로 없어지고 있다' '이대로라면 아마존 열대우림이 다 사라질 수도 있다' 이런 개발 행위가 단순히 자연 파괴의 문제가 아니라 바이러스 감염병과도 연결될 수 있는 거네요. 야생동물 서식지가 사라지게 되면 결국 그 야생동물은 인간의 영역을 침범할

수밖에 없고, 그중에 바이러스를 가진 야생동물이
있다면 인수공통감염병으로 번질 수도 있고요.

홍상지 인간이 자연 환경을 더 이상 파괴하지 않는
게 가장 이상적인 해결책이겠지만 쉽지 않은 일이
겠죠. 우리가 현재 영위하는 생활 방식이 얼마나
지속가능한지 고민하게 만드는 지점입니다.

기후변화가 일으키는 나비효과

문명이 발달할수록 환경은 점점 더 많은 부담을 지게 되었다. 이로 인해 인간은 기후변화라는 또 하나의 폭탄을 떠안았다. 반복되는 감염병 사태도 기후변화와 무관치만은 않다. 환경 파괴가 동물과 지구 전체에 상처를 입히고, 그 피해가 인간에게도 이어지는 상황. 어떻게 이런 나비효과가 일어나는지 알아본다.

이현 '인간, 동물, 환경의 건강이 연결되어 있고, 이것이 우리 삶에도 밀접하게 연관되어 있다'면, 얼핏 생각해도 여러 가지 이야기를 할 수 있겠네요. 코로나-19 이후 '인간이 활동을 멈추니까 공기가 맑아졌다' '야생동물이 다시 나타났다'는 뉴스가 속속 나왔어요. 에너지 소비량도 잠깐이지만 20세기 중반 이후 최대치로 떨어졌다고 하죠. 그런 뉴스들을 보니 '지구한테는 인간이 바이러스였구나' 싶더라고요. 힘든 시기지만 지금 이 시간은 우리가 살아온 삶의 방식을 다시 돌아보게 하는 기회가 될 것 같아요.

김효은 듣다 보니 인간 역시 생태계의 일부일 뿐인데 그동안 지구의 자원을 과하게 소비하며 누려온 것은 아닐까 싶네요. 이제 환경 이야기를 더 하고 싶은데요. 코로나-19로 인간의 활동이 반강제적으로 멈추면서 말씀하신 것처럼 '공기 질이 좋아졌다'는 기사가 많이 나오고 있어요. 이것만으로도 정말 인간의 활동이 환경과 밀접하게 연결되어 있다는 걸 다시 한번 실감하게 돼요. 요즘 '환경 이슈' 하면 기후변화가 먼저 떠오르잖아요. 기후변화가 심각한 문제라고는 하는데, 사실 일상에서는 이 문제가 확 와닿지만은 않아요. 기후변화는 인간에게 어떤 영향을 끼칠까요?

홍상지 기후변화라고 하면 제일 먼저 그려지는 장면이 극지방의 얼음이 녹고 있는 장면이죠. 맞습니다. 지구의 평균 온도가 빠르게 상승하면서 빙하가 녹고 남·북극의 해안선이 매년 달라지고 있다고 해요. 유엔 세계기상기구WMO에 따르면 2019년 바닷물의 온도는 관측 이래 가장 높았다고 합니다. 이건 단순히 '북극곰과 펭귄의 살 곳이 없어졌다' 차원의 문제가 아니에요. 다행히 요즘 많은 사람이 조금씩 이 사실을 인식하고 있어요. 환경 포럼도 아니고 세계 '경제' 포럼인 2020년 제

50회 다보스 포럼에서도 기후변화를 주요 의제로 다뤘다는 거 아시죠? 스웨덴의 청소년 환경 운동가 그레타 툰베리Greta Thunberg가 초대를 받아 화제가 되기도 했어요. 당시 열여섯 살이었던 툰베리는 "우리가 사는 집에 불이 났는데 다보스 포럼 같은 곳에선 다들 성공담을 늘어놓는다"고 말했어요. 그만큼 기후변화는 단순히 환경 분야뿐 아니라 정치, 경제, 사회 전 방위에서 주목하고 있는 현상입니다.

이지상 기후변화를 이야기할 때 우리가 '지구온난화'라는 표현도 함께 쓰잖아요. 지구의 온도가 조금씩 오른다는 건데, 온도가 오르면 단순히 더워지는 게 아니라 해수면에도 영향을 미치고 공기의 흐름도 바꿔요. 정상적으로 흐르던 공기의 흐름이 바뀌니까 가뭄, 산불, 태풍, 홍수 등 이상기후 현상도 반복됩니다. 2019년 9월부터 2020년 2월까지 계속됐던 호주 산불의 원인 중 하나로 기후변화가 꼽히죠.

이현 멀리 가지 않아도 예상치 못한 폭설, 폭우 등 날씨 때문에 채소 값이 폭등했다는 국내 뉴스를 자주 보셨을 거예요. 기후변화가 인간의 먹고 사는 문제와 직결되고 있음을 알 수 있어요.

홍상지 맞아요. 이제 시야를 좀 더 넓혀볼게요. 이상기후로 땅이 물에 잠기거나 떠내려가 삶의 터전을 잃는 '기후 난민'도 발생해요. 실제로 남태평양에 있는 섬나라 투발루는 기후변화로 인한 해수면 상승으로 땅이 잠기고 있습니다. 향후 50~100년 사이에 투발루 섬은 바다에 잠겨 사람이 살 수 없을 거라고 과학자들은 예측하고 있어요. 투발루 시민들은 기후 난민이 돼 주변국으로 이주하고 있는 상황입니다. 방글라데시, 몽골 등 다른 나라에서도 이상기후로 거주지를 떠나는 기후 난민 사례가 이어지고 있어요. 이렇게 기후 난민은 심각한 사회 문제일 뿐만 아니라 세계 경제에도 영향을 끼칩니다. 이미 벌어지고 있는 현실이죠.

김효은 다른 말로 '생태학적 난민Environmental migrants' 이라고도 하죠. 이상기후로 생태계가 무너지면서 거주지를 옮겨야 하는 사람들이 점점 늘어나고 있어요.

홍상지 기후변화로 환경이 파괴되면 인간만이 거주지를 잃는 게 아니에요. 거기 살고 있는 야생동물의 서식지가 파괴된다는 걸 의미하기도 해요. 기사를 찾아봤는데요. 1990년대 후반부터 말레이시아에서 발병되기 시작한 니파Nipah 바이러스가 있어요. 뇌염을 일으키는 바이러스인데, 말레이시아 병리학회 연구에 따르면 바이러스를 지니고 있던 과일박쥐가 산불과 가뭄으로 서식지를 잃어 양돈 농장에 드나들다 돼지를 통해 인간에 전파된 사례라고 합니다.

이현 역시 인간과 동물을 따로 떼어 놓고 생각할 수 없군요. 지구온난화가 가뭄, 산불, 태풍, 홍수 같은 자연재해를 부르고, 그 때문에 야생동물도 서식지를 옮기고, 그 과정에서 사람과 접촉할 가능성이 높아졌다는 거죠?

홍상지 그렇죠. 기후변화로 서식지의 환경이 변하면서 동물들이 바이러스에 노출될 위험도 커졌다고 해요. 예를 들면 지구 온도가 상승해 파리와 모기같이 병원균을 옮기는 곤충들의 번식이 쉬워지고, 서식지가 확대됐다는 지적도 있어요. 이 때문에 기온이 상승할수록 말라리아와 뎅기열 같은 전염병의 평균 발생률이 높아진다는 겁니다.

이지상 땅의 온도가 물의 어는점 이하로 유지돼 여름에도 녹지 않는 토양인 영구동토층 이야기를 들어보신 분들 많을 거예요. 최근에는 지구의 온도가 올라가면서 수천 년 동안 얼어 있던 극지방의 영구동토층이 녹아내려 그 안에 얼어 있던 바이러스가 지구의 생명체들에게 노출될 수 있다는 우려도 나오더라고요.

홍상지 또 하나 기후변화를 가속화하는 요인은 소, 돼지, 양 등 가축이 배출하는 방귀, 배설물, 트림이에요. 여기서 발생하는 아산화질소, 메탄가스가 지구온난화를 일으키는 주범인데요. 아산화질소 전체 발생량의 6퍼센트, 메탄가스 발생량의 37퍼센트가량이 축산업에서 발생한다고 합니다. 축산업으로 전 세계 온실가스의 20퍼센트가량이 배출되고 있어요. 실제로 세계보건기구는 축산업에서 발생하는 온실가스를 줄이기 위해 채식 위주의 식단을 권장하기도 하고요.

이현 어느 방면으로 봐도 인간과 동물의 삶 그리고 환경은 도저히 따로 떼어놓고 생각할 수가 없네요. 이렇게 들으니까 심각성이 확 와닿아요.

최소한 나라도, 아주 작은 변화라도

바이러스는 변이할 수 있고 언제든 다시 나타날 수도 있다. 그렇다면 매번 속수무책으로 피해를 입을 수밖에 없을까? 원헬스의 관점에서 어떻게 하면 전염병을 예방할 수 있을지 알아보자. 개인이 시작할 수 있는 실천 방안은 무엇일까?

홍상지 가축 감염병 이야기를 다시 해 볼게요. 조류독감이나 구제역 등 특정 지역에 감염병이 돌면 그때그때 반경 몇 킬로미터 농가의 가축들을 살처분하고 피해를 입은 농가에 지원금을 주는 일이 연례행사처럼 되풀이되고 있어요. 이게 정말 바이러스를 막는 근본적인 대책이 될 수 있을까요?

이현 그거 아세요? 2009년에는 신종플루가 유행했었는데요. 원래 이 신종플루의 명칭은 '돼지독감 바이러스'였어요. 멕시코의 한 양돈 기업 공장에서 처음 이 바이러스가 돼지에서 사람으로 전이됐거든요. 그런데 미국 축산 업계에서 소비자들이 돼지고기를 기피해 가격이 폭락할 수 있다며 명칭 변경을 요구해요. 그래서 결국 돼지독감 바이러스였던 이 명칭이 어느 순간부터 '인플루엔자A', 우리나라에서는 '신종플루'라는 이름으로 불리게 됐다고 합니다. 조류독감도 비슷한 이유로 AI(Avian Influenza, 조류 인플루엔자)라는 말과 혼용해서 쓰고 있어요.

이지상 실제로 조류독감이 유행하면 닭고기 소비량이 줄기도 하죠.

홍상지 물론 감염병 사태로 피해를 보는 농가가 분명히 있을 것이고 그것에 대한 대책은 분명히 필요할 겁니다. 그래서 이런 이야기를 꺼내는 게 참 조심스럽지만, 저는 근본적인 가축 사육 시스템에 변화가 없다면 결국 똑같은 피해가 반복될 거라고 생각해요. 그럼 그때마다 우린 또 세금을 들여 땜질 처방을 하겠죠. 감염병 바이러스는 계속 변형되어 찾아올 거고요.

김효은 백신 개발 이야기도 뉴스에 많이 나오잖아요. 백신이 있고 없고는 굉장히 중요한 문제예요. 그런데 한편으로는 이렇게 바이러스가 계속 신종 바이러스 감염병 형태로 찾아온다면 백신이 근본적인 예방책이 되긴 어렵습니다. 이미 발생한 감염병의 확산을 막는 데는 효과적이겠지만, 신종 바이러스가 발견될 때마다 그에 맞는 백신을 개발해야 할 텐데 아무리 빨라도 보통 몇 년은 걸리니까요.

홍상지 맞아요. 그래서 "바이러스 예방책으로 우리가 할 수 있는 게 뭐가 있을까?"라고 묻는다면 정말 대답하기 어려운 질문이 될 거예요. 저희가 전문가도 아니고, 바로 딱 떨어지는 답을 이 자리에서 드리진 못해요. 다만 앞에서 계속 이야기했던 원헬스의 관점으로 우리가 당연한 듯 여겨 온 삶의 방식에 문제를 제기해 볼 순 있지 않을까요? 좀 더 예민하게 세상을 보고, 작은 것부터 바꿔나가 보는 거죠. 그래서 저희가 이 프로젝트를 기획한 것이기도 하고요.

이지상 '작은 것부터 바꿔나가 본다'…. 기후변화나 환경오염을 줄이기 위해 해오던 것들, 이를테면 노 플라스틱No Plastic이나 제로 웨이스트Zero Waste 같은 기존의 캠페인들이 떠오르긴 합니다. 육식과 동물성 제품 소비를 지양하는 비거니즘 운

미트 프리 먼데이(Meat Free Monday)

비틀스의 멤버 폴 매카트니가 환경을 위해 최소 일주일에 하루는 채식을 하자고 제안한 캠페인이다. 지구를 위해서, 그리고 우리 자신의 건강을 위해서 현실적인 방법을 제시한 것이다. 우리나라에서도 2010년 '고기없는월요일'이라는 단체가 활동하고 있다.

제로 웨이스트(Zero Waste)

말 그대로 쓰레기를 0에 가깝게 만들자는 운동으로, 모든 제품을 재활용, 재사용해서 쓰레기 매립지나 소각장, 바다에 쓰레기를 보내지 않는 것을 목표로 한다. 폐기물을 줄이기 위한 생산, 유통 시스템을 재구축하기 위해 노력하고 있다.

노 플라스틱(No Plastic)

플라스틱 제품 사용을 지양하자는 운동이다. 일회용품 사용을 줄여서 환경을 보호하자는 취지로 일회용 플라스틱 컵 대신 텀블러를 사용하고 비닐봉지 대신 장바구니를 사용하는 등 일상에서 작은 차이를 만드는 것으로 실천할 수 있다.

동도 생각나고요. 그런데 이게 근본적인 대안이
될 수 있을까요?

홍상지 사실 진짜 세상이 드라마틱하게 바뀌려면
기업이 움직이고, 정부가 움직이고, 그리고 세계
가 움직여야겠죠. 다만 이렇게 생각해보면 어떨까
싶어요. 김한민 작가가 쓴 에세이 《아무튼 비건》
(위고, 2018)에 이런 내용이 나와요. 처음에는 소수
의견으로 시작되는 생각이 점점 퍼져 그 의견에 동
의하는 사람이 사회 전체의 10퍼센트라는 임계점
에 도달하면 그 의견은 어느새 주류 사회의 의견이
된다는 거예요. '최소한 나라도 이 문제를 심화시
키는 데 기여하고 싶지 않아'라는 생각으로 변화
를 만드는 겁니다. 내가 먹는 밥상에서, 마트에서,
식당에서.

이현 그래요. '나 하나 정도는'에서 '나 하나라
도'로 인식의 전환이 필요해 보여요. 지구온난화
에 따른 기온 상승 폭을 1도 아래로 억제할 수 있
다면 생태계에 큰 차이를 가져올 수 있다고 해요.
어찌 보면 정말 작은 숫자인데 엄청나게 큰 차이
를 만든단 말이에요. 마찬가지로 나 하나가 정말
작은 수 같아도 큰 차이를 만들 수 있는 거죠.

홍상지 그렇게 한 명 한 명의 라이프스타일이 바뀌고 목소리가 쌓이다 보면 그 목소리들이 주류 사회의 의견이 되는 거고, 그렇게 되면 파급력은 작지 않을 거라고 생각해요. 그 힘이 개인에서 기업으로, 정부로 영향을 끼칠 수도 있고요. 법과 제도가 만들어질 수도 있죠. 그래서 저는 "개인이 바꿀 수 있는 게 있을까?"라는 질문에는 "쉽진 않지만, 그럼에도 바꿀 수 있다"고 말하고 싶어요.

이현 김정연 기자가 〈호주 산불과 기후변화〉 팟캐스트 방송에 출연해서 했던 말도 비슷했죠. "정부가 누구 눈치 제일 보겠나, 다름 아닌 여론이다"라는 말이에요. 완벽하지 않아도 되니까 작은 것부터 차근차근 변화를 만들어나가는 게 지금 우리 개인이 할 수 있는 최선의 방법이라는 생각이 드네요.

홍상지 보선 작가의 《나의 비거니즘 만화》(푸른숲, 2020)에도 비슷한 말이 나와요. '불완전한 실천이라도 의미가 있다. 한 사람이 하나의 행동을 고치는 순간, 하나의 폭력이 없어지는 것이다' 완벽할 수 없을 것 같다는 이유로 시도조차 안 하는 것보다, 부족하더라도 반 발짝 먼저 나가는 게 어떨까요?

김효은 이미 '미트 프리 먼데이 Meat Free Monday'나 아까 언급하신 '제로 웨이스트' '노 플라스틱' 등 진행되고 있는 많은 캠페인이 있어요.

이현 특히 플라스틱 폐기물 문제가 심각해요. 배달앱 많이들 사용하시죠? 배달 경제가 호황이라고 하잖아요. 그런데 음식을 배달시키면 일회용 플라스틱 용기에 담겨 와요. 먹고 나서 용기를 버리다 보면 죄책감이 느껴지더라고요. 한 끼 먹자고 이렇게 많은 플라스틱을 버리다니! 실제로 통계청에 따르면 2020년 8월 기준으로 배달 음식 서비스 부문의 거래액이 2019년보다 83퍼센트나 증가했대요. 그러니 플라스틱 폐기물이 얼마나 많이 나왔겠어요.

이지상 배달 음식 외에도 온라인 쇼핑을 많이 하잖아요. 코로나-19로 인해 오프라인보다 온라인에서 더 많이 쇼핑하게 되죠. 온라인으로 물건을 구매하면 과대 포장돼서 오는 제품이 참 많아요.

김효은 맞아요. 게다가 코로나-19 사태로 인해서 일회용 마스크, 위생 장갑 등 위생을 위해 일회용품을 많이 쓰죠. 이런 폐기물은 또 다른 걱정거리를 낳고 있어요. 또 코로나-19가 진정되면 그동안 침체된 경제를 회복해야 하니 시장 논리가 앞설 것도 걱정이 돼요. 환경보호에 대한 관심이 꺾이고, 그 결과 새로운 바이러스가 다시 나오고, 이런 악순환이 계속되지는 않을지…. 우선 우리가 할 수 있는 건 환경보호에 대한 관심의 끈을 놓지 않고, 내 일상에 사소한 규칙들을 만들어 가면서 해 볼 수 있는 것들을 하나둘씩 늘리는 것이겠죠.

홍상지 네, 그리고 우리 듣똑라가 잘하는 일 중 하나가 또 콘텐트를 만드는 일이잖아요! '원헬스'라는 테두리 안에서 공중 보건, 동물권, 환경, 기후변화 등 다양한 주제를 각 주제의 전문가들과 함께 이야기해 보겠습니다. 앞으로 하나하나 듣똑라와 함께 배워가고 알아가요!

같이해요! 원헬스 프로젝트

#원헬스프로젝트 #듣똑라이프 #새싹미션 #줄기미션 #나무미션

듣똑라와 함께 원헬스 미션에 도전해 봅시다. 가볍게 도전할 수 있는 새싹 미션부터 좀 더 앞으로 나아간 나무 미션까지 총 3단계로 구성했습니다. 4주 도전이 끝난 후에도 나만의 친환경 라이프스타일을 만들어 봅시다.

첫째 주 원헬스 미션

새싹 미션

☐ 개인 컵(텀블러) 가지고 다니기
- 일회용 컵, 빨대, 컵 홀더 사용을 참아 봐요.

줄기 미션

☐ 배달 음식 주문 대신 집밥 먹거나 도시락 싸기
- 일회용 배달 용기 사용을 줄여 봐요.

나무 미션

☐ 비닐봉지 없이 장 보기
- 에코백, 장바구니, 다회용기 사용을 권장해요.

다 같이 반 발짝이라도 나아가는 법

김수지 듣똑라 마케터

원헬스 프로젝트의 첫 미션을 SNS에 올리기 전이 아직도 생생합니다. '지인들의 도움을 받으면 서른 명 정도는 참여해 주겠지' '직접 참여는 못 하더라도 좋은 내용이라고 공감은 해 주시겠지' 하는 긴장과 떨림이 가득했습니다.

처음 시작은 2020년 초, "인간, 동물, 환경의 건강이 하나로 이어져 있다는 개념이 존재한다. 유례없는 감염병에 시달리는 지금, 이 원헬스 개념을 콘텐트로 알리고 싶다"는 홍상시 기자의 이야기를 들었던 때였습니다. 곧이어 구독자인 듣똑러도 함께 할 수 있는 캠페인까지 넓혀보자는 아이디어가 더해지며 프로젝트가 본격적으로 시작되었습니다.

콘텐트와 캠페인의 연계라든가, 듣똑러가 참여하는 캠페인 형태 등 모두 듣똑라 팀의 첫 시도였기에 사실 꽤 막막했습니다.

특히 환경, 동물권 문제에 관심을 가지고 오랜 기간 해결을 위해 목소리를 높인 분들이 많은데 우리가 어떤 자격으로 이 주제를 나서서 알릴 수 있을지 모두 함께 고민했습니다. 짧은 주목을 받기 위해 중요한 문제를 가볍게 활용한다는 인상을 주지는 않을지, 혹은 아직도 이 문제를 낯설게 느끼는 듣똑러들이 많아 진심으로 공감하는 캠페인을 할 수 있을지 걱정만 쌓여 갔습니다. 끙끙대며 몇 번의 회의를 거듭하던 때, 홍상지 기자가 조심스럽게 말을 꺼냈습니다.

"듣똑러 중 이제 막 환경 문제, 동물권 문제에 관심을 가졌거나, 뭔가 해결하고 싶지만 개인이라는 한계에 부딪힌 사람이 많을 거예요. 우리는 함께 배우자, 그리고 작은 실천이라도 다 같이 해 보자라는 마음으로 시작했으면 좋겠어요."

그 순간 원헬스 프로젝트의 방향이 정확히 그려지는 기분이었습니다. "같이 해 보자"는 홍상지 기자의 격려는 곧 "다 같이 반 발짝이라도 앞으로 나아가자"는 프로젝트의 주요 메시지가 되었고, 준비하는 우리도 '모르는 건 알아가면서, 듣똑러와 함께 해 나간다'라는 든든한 마음으로 원헬스 프로젝트에 박차를 가할 수 있었습니다.

원헬스 미션은 듣똑라 팀에게도 생활 습관을 돌아보는 계기가 되었습니다. 특히 'K-직장인'으로서 커피 테이크아웃 컵과 같은 일회용품 사용을 줄이는 게 참 쉽지 않았는데, 첫째 주 미션 시작과 동시에 모두가 잠자고 있던 텀블러를 하나씩 사무실 책상에 올려두기 시작했습니다. 점심을 먹을 때도 약속한 듯 텀블러를 챙겼고, '상암동 텀블러단'이라는 애칭도 스스로 지어 새로운 시도를 즐겼습니다. 이지상 기자는 배달 음식을 시킬 때 일회용 수저를 쓰지 않도록 팀원 모두에게 나무 수저 세트를 선물했고, 노혜인 인턴은 페이퍼 타월 사용을 줄이기 위해 집에서 안 쓰는 천을 잘라와 나눠주기도 했습니다.

결과적으로 원헬스 프로젝트를 진행한 한 달간 1,000개의 참여 포스팅이 쌓였습니다. 매일 인스타그램에서 '#원헬스프로젝트'를 검색하면서, 최선을 다해 참여한 모습에 감탄하고 '좋아요'를 누르는 일은 정말 즐거웠습니다. 다양한 목소리가 있었는데 기존에 환경, 동물권 문제를 체감하고 있던 듣똑러들은 "다수에게 이런 내용을 알려주어서 고맙다"는 감사를, 프로젝트를 계기로 관심을 갖게 된 듣똑러들은 "문제를 인지하고, 해결을 위해 작은 실천이라도 할 수 있어 좋았다"는 소감을 전했습니다.

원헬스 프로젝트는 듣똑라가 제안한 어젠다에 듣똑러들이 열정적으로 참여했기에 성공적으로 완주할 수 있었습니다. 원헬스에 대해 깊이 알 수 있도록 매주 전문적인 콘텐트를 만들어나간 기자들, 듣똑러들이 더욱 쉽게 이해할 수 있게 영상에 담아준 PD들, 그리고 쉬이 넘길 수 있는 이야기를 챙겨보고, 실천으로 인증해준 듣똑러 모두에게 다시 한번 감사를 전합니다. 그리고 모두 자신만의 원헬스 미션을 계속 해 나가기를 응원합니다.

2

인간 그리고 동물

'펫팸족'이라는 말을 들어 보셨나요? 반려동물을 뜻하는 '펫 pet'과 가족을 뜻하는 '패밀리family'의 합성어로, 반려동물을 귀중하게 여기는 사람을 뜻하는 말입니다. 그만큼 반려동물을 가족처럼 여기는 사람이 참 많아졌습니다. 인간이 동물을 먹이나 노동력을 위해서가 아니라 인생의 동반자로 여기며 함께 살게 된 것은 그리 오래된 일이 아닙니다. 그러면서 인간에게 인권이 있듯 동물에게도 동물권이 있어야 한다는, 아니 있다는 생각을 많은 사람이 깨닫고 있습니다.

그런데 한편으로 우리는 동물에 대해 너무 모르고 있다는 생각이 듭니다. '동물을 위한다'고 하는 일조차도 너무나 인간 중심적인 관점에서 나오는 경우가 많죠. 결국 인간이라는 한계 때문이지만, 역으로 인간이기에 바꿀 수 있는 것이기도 합니다. 생각 같아선 '동물 대표'를 초대하고 싶었습니다! 하지만 그러긴 어려우니 동물을 잘 이해하고 있는 사람의 이야기를 들어 보기로 했습니다. 동물을 연구할 뿐만 아니라 원헬스 개념에 대해서도 잘 알고 있는 분, 심지어 오래전부터 원헬스의 중요성을 설파해오신 분! 누구냐고요? 바로 천명선 서울대 수의학과 교수입니다.

천명선 교수를 처음 알게 되었던 것은, 한 인터뷰를 통해서였습니다. 천 교수는 '그동안 우리가 굉장히 인간 중심적으로 생각해 온 질병, 건강 문제를 제대로 짚으려면 한 걸음 물러서서 인간과 인간을 둘러싼 환경 전체를 봐야 한다'는 취지의 이야기를 했는데, 그게 '원헬스'의 개념이었죠. 2019년 4월 1일이었으니, 코로나19가 발생하기도 전이었는데 처음으로 전문가 입에서 '원헬스'라는 단어를 들은 순간이라 무척 인상 깊었습니다. 그리고 '포스트코로나 시대'를 살아야 할 우리에게 꼭 필요한 메시지라는 생각이 들더라고요.

동물을 아끼고 사랑하는 차원을 넘어, 동물의 안위가 곧 사람의 안위이기도 하다는 생각의 전환이 필요합니다. 인간이 베푸는 것이 아니라 자신의 건강을 위해서도 동물의 건강권을 지켜야 하는 거죠. 인간, 동물 그리고 환경은 유기적으로 연결되어 있습니다. 지금 이 시점에 인간, 동물, 환경의 연결 고리들에 대해 짚어 보는 것은 코로나19가 종식되더라도 우리가 앞으로 건강하게 살아가기 위해 필수불가결한 일입니다.

사람과 동물을 이어주는 가교와 같은 수의학자 천명선 교수의 목소리를 들어봅시다. 우리가 동물에 대해 이렇게 몰랐구나 하고 놀랄 거예요. ·

함께한 사람들

천명선 서울대 수의인문사회학 교수. 인간−동물 관계와 동물 질병의 과학적·역사적·사회적·문화적 의미를 공부하고 인간동물연구네트워크에서 인간−동물 관계에 관심이 있는 다양한 분야의 학자들과 함께 연구하고 있다.

듣똑라 이지상, 홍상지

점점 가까워지는 인간과 동물

인간과 동물의 접점이 늘고 있다. 강아지나 고양이 같은 반려동물뿐만이 아니라 야생동물들도 우리 삶에 한결 가까워졌다. 이런 상황을 예견이라도 한 듯이 오래전부터 수의학계는 인간, 동물, 환경의 건강이 연결되어 있다는 원헬스에 대해 이야기해 왔다.

들똑라 천명선 교수님, 안녕하세요. 제가 떨리는 마음으로 전화를 드린 게 한 달 전쯤이었는데 드디어 만나 뵙게 됐어요. 저희 들똑라가 진행하는 원헬스 프로젝트를 어떻게 생각하시는지 궁금해요.

천명선 원헬스란 개념을 가지고 대개는 국제기구라든가, 학술 단체라든가, 큰 단체에서 많은 활동을 해요. 그런데 생활 밀착형으로 실천하겠다고 하는 그룹을 제가 처음 봤어요. '원헬스라는 단어를 가지고 생활 속에서 실천을 할 수 있구나' 하는 생각이 들었죠. 너무 신기해서, 이분들을 연구해야겠다는 생각이 들었어요. 지금까지의 원헬스는 정책적으로 톱다운top-down으로 내려오는 방식이었는데, 보텀업bottom-up으로 올라가는 새로운 흐름이 생길 수도 있겠구나 싶었어요. 원헬스 자체가 고정되어 있지 않아요. 아주 다양한 방식으로 확장될 수 있습니다.

들뚝라 저희가 전문가가 아니다 보니 조심스러운 부분이 있었는데 그렇게 말씀해주시니 감사하네요. 전문가로서 교수님은 코로나-19 사태에 어떤 생각을 하셨나요?

천명선 코로나-19가 바꿔 놓은 세상에서 동물도 새로운 경험을 하고 있습니다. 많은 전문가가 코로나-19가 야생동물과 인간의 접점에서 시작되었다고 생각해요. 그래서 인간과 동물의 거리, 인간과 동물의 관계에 대한 새로운 시각이 필요합니다. 저는 이런 주제로 인간 및 동물 연구 그룹에서 학술 모임을 하고 책도 쓰면서 제 생각을 정리하고 있습니다.

들뚝라 인간과 동물, 환경을 하나로 보는 개념을 이야기하면 종교나 환경 운동의 영역으로만 생각하기 쉬운데요. 하지만 사실 오래전부터 수의학

계에서는 이 개념을 강조했죠. 왜 수의학계에서
는 원헬스에 주목해 온 건가요?

천명선 인간과 동물 그리고 환경의 보건이 서로 연
계되어 있다는 개념에 주목한 것은 1960년대부터
예요. 수의학이 책임지고 있는 분야는 반려동물,
우리가 먹는 동물, 보는 동물, 이용하는 동물, 자
연 상태의 동물 등 다양한 동물의 건강입니다. 이
런 동물들의 질병은 당연히 동물에게도 고통이지
만, 인간에게도 직접적인 위해를 끼칠 수 있습니
다. 수의사들이 질병의 원인과 전파에 대해 연구
하다 보니 인간과 동물을 둘러싼 질병 요인들이
너무나 복잡하다는 것을 새삼 알게 되었어요. 그
래서 인간과 동물의 보건을 함께 생각해서 큰 그
림을 그려야겠다고 생각하게 되었지요. 갑자기
생긴 개념이라기보다는 이 분야에 있는 사람이라
면 공통적으로 가질 수 있는 문제의식이었을 거
예요. 그중에서도 캘빈 스와비Calvin Swabe라는 수의
역학자가 1960년대에 좀 더 구체적으로 개념화를
했습니다.

들뚝라 이미 그때부터 이런 관점을 가진 분이 있었
군요.

천명선 네, 그런데 21세기에 다시 이 개념이 일종의 리부트를 겪게 됩니다. 그 계기가 된 것이 2004년 세계야생동물보전기구WCS의 학술 대회입니다. 여기서 내건 '하나의 지구, 하나의 건강One world, One health'이라는 슬로건이 현재의 원헬스 개념을 담았어요. 지구는 하나고, 지구 위 생명체들의 건강도 하나라는 뜻이지요. 이 학술 대회에서 인간의 건강, 지구 전체의 건강을 모두 지키기 위한 행동 수칙을 제안해요.

들뚝라 제안된 수칙들은 무엇인가요?

천명선 '맨해튼 조항Manhattan Principles'라고 불리는 이 조항에는 '인간과 가축, 야생동물의 건강이 서로 연계되어 있음을, 그리고 인간의 건강과 식량 공급, 경제에 미칠 수 있는 질병의 위협과 건강하고 잘 기능하는 생태 시스템을 유지하는 데 생물다양성이 필수적임을 인식하고 협력할 것'을 명시하고 있어요. 쉽게 말하면 인간이 하는 행동이 생태계에 영향을 미치고, 질병 발생에 영향을 미치고, 결국 인간에게 더 나쁜 영향으로 돌아올 수 있음을 잘 알고, 생태계가 건강하게 유지되도록 보전하고 지속적으로 모니터링을 하자는 것이에요.

들뜨라 인간의 행동이 인간에게 악영향으로 돌아올 수 있다는 거군요. 인간과 가축, 야생동물의 건강이 연계되어 있다는 것은 구체적으로 어떤 의미인가요?

천명선 원헬스에서 제일 중요한 것은 '접점接點'이거든요. 예를 들어, 만날 기회가 없었던 인간과 동물, 동물과 동물이 만나게 되면 이들이 가지고 있는 병원체의 생태에도 변화가 일어나요. 이를테면 야생동물의 서식지에 가축을 대규모로 키운다거나, 야생동물을 사냥해서 시장에 가져와 판매한다거나 할 경우 새로운 접점이 생겨나는 것이지요. 이때 병원체가 어떤 변이를 일으키고, 어떤 방식으로 새롭게 전파될지는 예측하기가 매우 어렵기 때문에 주의해야 합니다.

들뜨라 접점이란 말이 굉장히 와 닿네요. 사실 우리가 100년 전만 해도 만나지 못할 야생동물을 접할 기회가 훨씬 많아졌잖아요.

천명선 현재 지구상에는 인간이라는 종이 생겨난 후 가장 많은 수의 개체가 살고 있어요. 당연히 인간의 활동 범위가 예전에 비해 넓어지고, 인간이 가지 않은 곳에 가고, 하지 않은 행동을 하고, 예전에는 인간과 접촉이 없었던 많은 동물과 접점이 생기게 된 거죠.

'관계'에 주목하면 실마리가 풀린다

인수감염공통병에 대해 알려면 맥락과 관계를 알아야 한다. 인간과 동물이 함께 살아온 역사적 맥락을 파악하고, 그 속에서 인간과 동물의 관계를 이해하자. 그래야 인간의 병도 동물의 병도 예방하고 고칠 수 있다.

들똑라 교수님은 서울대 수의과대학에서도 '수의인문학'을 가르치고 계시다고 들었어요. 또 주로 연구하시는 분야는 '인간동물학'인 걸로 알고 있습니다. 수의인문학, 인간동물학 모두 저희한테는 다소 생소한 학문인데 어떤 걸 연구하는 학문인가요?

천명선 저는 수의사로서 공중 보건 영역에서 일했던 경력이 있어요. 질병을 막기 위해서는 병원체 하나만 알아서 되는 게 아니라 질병 뒤에 숨은 많은 맥락을 살펴봐야 합니다. 크게는 역사, 문화, 사회적으로 그 질병을 연구해야 해요. 특히 수의학에서 다루는 질병들은 인간과 동물의 관계를 명확히 알지 못하면 이해하기 어려워요. 동물의 질병 자체를 인식하는 것부터 사람마다 다른 거예요. 그런 여러 가지를 이해해야만 동물의 질병을 예방도 하고 치료도 잘 할 수 있어요. 그러기 위해서는 의학 지식뿐 아니라 인문사회학적인 분석도 필요합니다. 수의인문사회학은 이런 연구를 담당합니다. 그중에 인간동물학은 1980년대부터 인간과 동물 관계를 분석하는 융합 학문으로 새롭게 주목을 받고 있는 분야이고요.

들뚝라 그러면 역사적으로 인간과 비인간동물이라고 표현하는 게 맞나요? 인간과 비인간동물 간의 관계를 어떻게 바라보는 게 좋을까요?

천명선 인간과 동물의 관계는 한마디로 표현할 수 없는, 아주 특별한 관계이지요. 역사적으로 인간과 동물의 관계를 말할 때 보통 인간이 어떤 쓸모를 가지고 동물을 키웠을 것이라고 먼저 생각하거든요. 예를 들어 가장 먼저 가축화된 개를 말해보자면, 보통 인간이 집을 지키게 하고 사냥에 활용하기 위해 개를 길들였다고 생각하죠. 식용으로 길렀다는 주장도 있고요. 그런데 가만히 생각해

보면 개가 인간 사회로 들어온 게 구석기 시대예요. 집을 지킬 필요도 없는 시대이고 먹기에는 늑대보다 작은 초식동물이 더 나았을 거예요. 굳이 훈련을 시켜서 사냥에 데리고 다니는 노력을 기울일 필요가 있었을까 하는 의구심이 들죠.

들뚝라 생각해 보니까 정말 그렇네요. 그런 인간과 개는 어떻게 지금처럼 특별한 관계를 맺게 되었을까요?

천명선 이걸 '관계 중심'으로 생각하면 이야기가 달라져요. 상상을 해보죠. 늑대 무리 중에서 낙오된 개체가 있다든가, 어미가 죽은 새끼가 있어 사냥꾼이 주워 왔을 수 있어요. 인간에게는 약한 개체를 도와주는 본능이 있으니까요. 그렇게 인간 사회로 들어온 어린 늑대는 인간들 틈에서 자라면서 적응을 해나가는 거죠. 부수적으로 침입자로부터 사람들을 지키고, 사냥에 함께 나가기도 했을 거예요. 즉 처음부터 개의 기능은 '반려'였던 거예요. 심지어는 이후에 먹으려고 가두어 기르기 시작한 동물과 인간 사이에도 친밀한 관계가 형성됩니다. 인간과 동물의 모든 관계가 단일하게 존재하는 것이 아니라 다양하다고 생각해요.

이런 인간과 동물의 다양한 관계를 이해하게 만드는 게, 동물에게 조금은 더 살기 좋은 환경을 조성하는 데 도움을 줍니다. 인간동물학은 학문적으로 사회학, 인문학, 생물학 등등 많은 학문 분야가 엮여 있어요.

들뚝라 전래동화나 각 나라의 설화 같은 걸 보면 교수님이 말씀해 주신 것과 같은 내용이 많이 나와요. 이누이트 족 사이에 전래되는 혼자 남겨진 아기 북극곰을 돌보는 할머니 설화라든가, 관계로 시작되는 동물 이야기가 많거든요.

천명선 그게 원초적인 인간의 문화이고 본능이었다고 보는 거죠. 인간이 가진 능력 중에서 아주 큰 것이, 인간이 아닌 다른 생물과도 관계를 맺을 수 있다는 점입니다.

들뚝라 과거 인간이 동물을 가축화하는 과정에서 여러 바이러스가 창궐했다고 알고 있는데요. 홍역 바이러스도 사실 소로부터 번진 감염병이라고 들었어요. 신종플루도 원래 이름이 돼지독감이었고요. 왜 인간이 동물을 가축화하는 과정에서 바이러스가 창궐한 건지, 홍역과 비슷한 감염병 사례로는 또 어떤 것들이 있었는지 들려 주실 수 있나요?

천명선 말씀하신 최근의 신종 감염병말고도, 대부분의 인수공통감염병은 동물이 가축화되는 시기에 왔을 거라고 추측해요. 예를 들어 탄저병과 결핵은 소를 비롯한 되새김동물이 가축화되면서 인간에게로 넘어왔고 지금도 종종 발생하는 질병입니다. 개에게 물려서 전달되는 광견병 같은 경우역시 가장 오래된 인수공통감염병이죠. 지금은 병원체의 유전자 계통도를 그려볼 수 있어서, '어느 정도 시점에 인간 사회로 왔겠다' '어느 시기에 어느 정도 변이를 일으켰겠다' 하는 추측은 가능해요. 아무래도 종간 병원체의 이동, 즉 스필오버는 인간과 동물의 거리가 가까운 상황에서 높은 확률로 발생합니다.

들뚝라 바이러스가 종간 이동하는 건 사실 굉장히 어려운 일이라고 책에서 본 적이 있어요. 근데 지금 우리 시대를 돌아보면 대다수의 감염병이 야생동물에서 인간으로 옮겨지는 인수공통감염병이고 굉장히 잦은 주기로, 그것도 신종 바이러스로 조금씩 변이해서 찾아오고 있잖아요? 어떻게 이게 가능한 걸까요?

천명선 어렵기는 하지만 불가능한 일은 아닙니다. 동물이 매개하거나 동물에서 인간으로 변이되어 넘어온 병원체들이 지역적으로 큰 피해를 주거나 팬데믹을 일으킨 경우도 종종 있지요. 생태계에서는 환경의 변화에 따라 종간 이동이 지속적으로 일어나고 있다고 봅니다. 그런데 최근에 더 잦다고 생각되는 이유는 진짜로 발생 횟수가 늘어났기 때문이기도 하고, 예전에 비해 발전된 의학의 힘으로 각 원인체를 빠르게 밝힐 수 있기 때문이기도 합니다. 다만 사람들은 현대 의학이 항생제나 백신을 통해서 기존의 무서운 질병을 많이 없앴다고 생각하고 있어요. 그렇기 때문에 현대 의학이 다 알지 못하는 질병이 발생하는 것에 대한 가중된 공포가 있는 것 같아요.

들뚝라 맞아요. 그래서 이번 사태가 인간이 다시 겸허해지는 기회가 되겠지요.

천명선 그리고 인류 역사상 지구에는 지금 가장 많은 수의 인간과 가축이 살고 있어요. 그래서 더 많은 접점이 생기고, 더 많은 종간 이동이 생기는 거죠. 종간 이동을 통해서 병원체가 변이할 가능성이 더 커지는 것이고요. 그리고 기후변화로 인해서 병원체를 둘러싼 환경이 변화하기 때문에 전염병 유행이 더 잦아지는 것처럼 보이는 거죠. 앞으로도 계속 있을 수 있는 일이에요.

신종 코로나 바이러스는 예견된 사건

인수공통감염병인 신종 코로나 바이러스는 과학자들이 미리 발병을 예측했을 성도로 불가피한 일이었다. 소 잃고 외양간 고치듯 이세야 우리는 동물과의 관계를 돌아보고 있는 것이다.

들뚝라 저희가 원헬스를 눈여겨보게 된 계기는 코로나-19 때문인데요, 교수님과 교수님이 속한 수의학계에서는 오래전부터 원헬스 개념을 이야기해왔죠. 교수님은 이번 코로나-19 사태를 어떻게 지켜보셨나요?

천명선 사실 신종 코로나 바이러스로 인한 질병이 발생할 거라는 예측은 계속 있었어요. 미국의 과학 저술가 데이비드 쾀멘은 다음 번에 대유행을 일으킬 바이러스들 중 하나로 코로나 바이러스를 언급했어요. 왜냐하면 코로나 바이러스는 2003년 사스, 2012년 메르스로 이미 대유행을 일

으킨 바 있어요. 그래서 이에 대한 데이터가 있었
어요.

듣뚝라 사스와 메르스, 코로나-19가 모두 같은 종
류의 바이러스였군요.

천명선 맞아요. 그래서 이미 이론적으로는 코로나
바이러스의 위험성을 충분히 알고 있었죠. 그리
고 가장 위험한 곳으로 지목한 것이 웨트 마켓Wet
market입니다. 신선 식품 등을 파는 재래시장을 말
하는데, 야생동물을 포함해서 살아 있는 동물을
그 자리에서 도축해서 팔고, 오가는 사람도 많기
때문이죠. 그런데 이번에 코로나-19가 대유행하
면서 인간에서 동물로의 전파도 일어났지요. 동
물원의 맹수가 사육사로부터 감염되었어요. 그리
고 밍크 농장에서는 농장에서 일하는 사람에서 밍
크로, 다시 밍크에서 사람으로 바이러스가 전파
되었어요. 정말 인간과 동물의 접점에서 종을 넘
어서는 감염의 다양한 양상이 나타났습니다. 이
전에는 원헬스 개념을 이해시키기가 매우 어려웠
는데 지금은 그 사례를 모두가 목격하고 있는 거
죠. 이런 인수공통감염병 상황에서는 동물이 처
한 어려움까지 관심을 두기가 어렵죠. 그 측면에

주목하고 동물을 보호하는 방법에 대해서도 생각하고 있습니다.

들뚝라 코로나-19는 이전 바이러스보다 전염력이 높아서 전 세계가 혼란스러운 상황인데, 이 정도의 감염병이 언젠가 올 것이라 전문가들은 예측했다는 것이잖아요.

천명선 이렇게 큰 규모로 피해가 있을 것이라고는 예측하기 어려웠을 거예요. 다만 이런 대유행이 있을 거라는 경고는 꾸준히 했던 거죠.

들뚝라 코로나-19도 바이러스 숙주로 박쥐가 지목되고 있는 상황이고 메르스, 사스 역시 마찬가지였잖아요. 박쥐가 감염병에 잘 걸리는 걸까요?

천명선 박쥐가 바이러스를 보유하고 있는 건 맞아요. 모르는 질병, 이전에 없었던 감염병이 퍼지게되면 주변에 있는 동물들도 이 병원체를 가지고 있는지 검사를 해 보겠죠. 그런데 희한하게도 박쥐에게서 인간에게 감염을 일으킨 바이러스가 검출되는 거예요. 처음에는 박쥐가 가지고 있다가 사람한테 전염시킨 건지 아니면 기계적으로 옮기

기만 했는지 그것도 잘 몰랐거든요. 근데 추적하
니까 박쥐가 바이러스를 가지고 있지만, 막상 박
쥐는 증상을 보이지 않는 이른바 '보유 숙주'라는
걸 알게 된 거죠.

듣똑라 왜 박쥐일까요?

천명선 상식적으로 생각해 보면 인간은 포유류니
까 파충류보다는 같은 포유류가 가진 병원체에 감
염되기가 더 쉽죠. 박쥐는 포유류니까 바이러스
를 인간에게 옮길 수 있는 잠재력이 있어요. 더 무
서운 건 날아다닌다는 거죠. 비행하는 포유류는
흔치 않아요. 그래서 더 전파 가능성이 높아지죠.
또 하나, 생명체는 바깥에서 병원체가 들어오면
막아내는 면역 기전들을 가지고 있거든요. 근데
진화적으로 박쥐의 면역 체계가 보유한 바이러스
에 대해 병이 나지 않을 정도로만 작용하는 거예
요. 면역 기전이 약하게 적응한 거죠. 그러다 보니
숙주로서 좋은 조건이 된 거죠.

동물이 동물답게 살 수 있으려면

'동물이 병을 옮기니까'의 차원을 넘어 '동물이 그렇게 살면 안 되니까'로 동물의 복지를 생각하는 움직임이 커지고 있다. 동물이 동물답게 살고, 사람과 동물이 모두 건강하기 위해서는 각계 전문가들의 소통이 절실하다. 모두의 건강이 곧 하나의 건강이기에.

듣똑라 가축 이야기도 하고 싶어요. 야생동물이 인간이 키우는 가축에게, 그리고 그 가축이 인간에게 바이러스 감염병을 일으키는 경우가 많은데요.

천명선 그게 제일 쉽죠. 야생동물과 직접 접촉해서 질병이 발생하려면, 야생동물을 사냥해서 먹는 경우여야 하니까요.

듣똑라 저희가 원헬스 프로젝트를 하면서 공장식 축산에 대한 문제의식도 같이 이야기하고 있거든요. 오늘날 육류 소비량이 증가하면서 가축들의 사육 환경, 즉 공장식 축산의 문제점이 많이 지적

되고 있잖아요. A4 용지 한 장짜리 면적의 공간에서 평생 사는 산란계, 몸에 딱 맞는 철제 우리에서 평생 새끼만 낳다 도축 당하는 돼지, 비위생적인 사육 및 도축 현장 문제 등등. 이런 열악한 가축의 환경이 인간의 건강에는 어떤 영향을 미치고, 어떻게 연결되어 있는지 궁금해요.

천명선 현대 축산과 질병에 대한 것은 사실 단순한 이야기는 아니에요. 공장식 축산이라고 부르는 집약식 축산은 대규모로 싸게 단백질을 생산하는 시스템입니다. 공장식 축산 시설은 밀폐되어 있고, 외부로부터의 접근이 차단되어 있어요. 미생물이 들어가지 못하게 설계되어 있기 때문에 어찌 보면 효율적인 방역이 가능한 거죠. 그러나 그 안에서 사는 동물들의 삶의 질은 매우 떨어집니다. 이 시스템에서 동물들은 오래 살지 않아요. 그래서 이 짧은 기간에만 건강하면 되는 거예요. 빨리 도축이 돼서 고기가 되면 되니까요. 이런 측면에서는 질병 확산 방지에 대해서 효과적인 방식이에요. 그래서 공장식 축산이 질병을 키울 것이다, 라는 것은 반은 맞고 반은 틀려요. 그러나 낮은 삶의 질로 인해 면역력이 상대적으로 약할 수도 있고, 사는 동안 다양한 질환에 시달릴 수 있지요.

들뜨라 아, 생각보다 복잡한 문제군요.

천명선 하지만 우리는 동물 복지를 새로운 가치로 생각하고, 이용하는 동물들에게 인도적인 처우를 하는 것이 옳다고 믿는 사회를 살고 있잖아요. 동물 삶의 질을 높이기 위해 법도, 사람들의 인식도 바뀌고 있지요. 꼭 '전염병을 많이 옮기기 때문에 공장식 축산을 하면 안 된다'가 아니라 '우리가 그것이 옳지 않다 생각하기 때문에 하면 안 된다'라고 하는 게 가치 판단인 거예요. 이런 작은 움직임으로 세상을 변화시킬 수 있겠느냐 하는 의문이 들 수도 있겠지만, 이런 인식의 전환이 작은 게 아니라 큰 게 될 수 있는 거죠.

들뜨라 그렇네요. 우리 원헬스 프로젝트도 그래서 의미가 있는 거죠.

천명선 병원체를 막는 시스템을 만드는 것도 중요해요. 그것보다 우리가 '동물들이 저렇게 크게 두지 않겠어, 저렇게 자란 고기를 먹지 않겠어' 하는 식으로, 인도적인 방향으로 결정한다면 생산성만을 가치로 두고 집약적으로 가축을 키우는 방식을 거부할 수 있는 거죠. '공장식 축산이 결국은 인간

에게 더 안 좋은 감염병으로 돌아올 수 있다'라는 게 반은 맞고 반은 틀린 이야기이긴 하지만, 그 생각 자체도 인간 중심적인 생각이기도 하잖아요. 동물들이 고통스러워서가 아니라 '우리의 병이 될 수 있으니까'라고 한다면요. 우리가 공장식 축산을 원하지 않는 흐름이 생긴 이유는, 그게 반드시 '인간한테 조금이라도 해가 될까 봐'보다는 '동물이 동물답게 살길 원해서'잖아요.

들똑라 공장식 축산 환경에는 동물에 대한 처참한 처우 외에도, 그 산업에 종사하는 노동자들의 안전과 위생도 보장되지 않고 있다는 문제도 있지요.

천명선 좋은 지적입니다. 이것도 이제 동물 복지에서 굉장히 중요하게 생각해야 하는 부분입니다. 동물이 인도적인 처우를 받지 못하고, 욕구를 표현하지 못한 채 괴롭게 사는 곳은, 반드시 인간의 고통이 따르게 되어 있어요. 축산이나 도축 환경이 열악하면 노동자의 정신 및 신체적 건강에도 해롭고, 노동자들도 동물들을 제대로 돌보기 힘들어져요. 최악의 경우에는 그 동물들에게 나쁘게 대할 수도 있죠. 그리고 그렇게 생산된 육가공품을 우리가 먹게 되는 거죠. 동물의 고통이 존재

하는 곳에 인간의 고통이 존재하기 때문에 동물의
고통을 줄이면 인간의 고통도 줄일 수 있어요.

들뚝라 공장식 축산은 결국 공급을 더 많이 하기 위
한 것이잖아요. 싸게, 빠르게, 대량으로. 그렇게
하려면 당연히 가축들의 수가 많아지고, 그게 환
경에도 악순환을 일으킬 수밖에 없는 거죠. 이런
환경을 바꿀 수 있을까요?

천명선 가능하죠. 우리나라에서만 약 1,000만 마
리의 돼지가 살고 있는데 서울시 인구에 육박하
죠. 만약 우리가 동물권을 보장할 수 있는 사육 시
설을 만들어서 생산비가 약 2배 올라갈 수도 있겠
지요. 하지만 소비자들이 이 비용을 수용할 수 있
다는 결정을 내린다면, 가능하다는 거죠. 결국에
는 인간의 결정이 동물에게 영향을 미치게 되는
것이니까요.

들뚝라 뼈아픈 지적을 해주신 것 같아요. 가축 사
이에 전염병이 생기면 수백, 수천 마리를 살처분
하는 모습을 흔히 접하죠. 동물도 동물이고 이걸
집행하는 사람도 괴롭고 건강할 수 없는 광경입니
다. 그런데도 정말 주기적으로 반복되는 현실이

에요. 이런 방식이 정말 최선일까요?

천명선 어떤 측면에서 보느냐에 따라 다르긴 합니다. 질병의 전파를 급하게 막아야 한다면 발생한 농장의 개체를 살처분해서 큰 전파를 막아주는 게 방역상으로는 매우 효과적인 방식이에요. 가축, 특히 경제 동물의 경우 산업석 피해를 줄이기 위해 치료를 하지 않고 살처분하도록 법에 규정된 전염병이 있어요. 그리고 질병이 발생해서 이동 제한 같은 조치가 시작되면 살처분을 당하지 않더라도 그 상황에 놓인 동물과 사람이 모두 고통을 받게 됩니다. 살처분을 하지 않고 이런 상태가 오래 지속되는 것, 즉 결정을 지연시키는 동안에도 동물들이 고통을 받아요. 밥을 못 먹고, 분뇨가 가득해 더럽고 좁은 공간에 방치된다든가⋯. 여러 가지로 끔찍한 상황에 놓일 수 있어서 오히려 빨리 인도적인 살처분을 해서 고통을 줄이는 것이 좋은 상황도 있어요.

듣똑라 상황은 안타깝지만 감염병이 닥쳤을 때 인도적으로 살처분을 잘하는 일 또한 중요하겠네요.

천명선 살처분 방식이나 사체를 처리하는 방식도

국제적인 가이드라인을 따라야 합니다. 세계동물보건기구의 살처분 가이드라인에는 인도적인 살처분과 작업자의 보호에 관련된 내용이 모두 포함되어 있어요. 그렇게 하기 위해서는 살처분을 위한 기술이 뒷받침되어야 합니다. 아이러니하게도 동물을 고통 없이 잘 죽일 수 있는 과학도 필요한 거죠.

들뚝라 이 또한 어려운 문제네요.

천명선 축사의 일반적인 위생 상태나 방역 상태, 백신으로 인한 동물의 면역 상태 등 다양한 요인이 질병의 발생과 전파에 영향을 미칩니다. 게다가 예방적 살처분이라는 전략은 전파가 가능한 지역 내에 모든 살아 있는 가축을 죽이는 것이라 개체가 질병에 걸렸는지에 상관없이 진행되지요. 그래서 동물 복지 농장도 피할 수 없는 경우가 생기는 거예요. 근대 이후로 이 방식으로 많은 가축 질병을 막은 것은 맞습니다만, 지금처럼 거대한 공장식 축산에서는 살처분의 규모가 너무 크기 때문에 그 후유증이 인간과 동물 모두에게 고통을 주고 있습니다.

들뚝라 그런 일이 발생하지 않는 게 가장 좋긴 한데 말이죠.

천명선 맞아요. 가장 최선의 방법은 질병이 발생하지 않도록 막고, 검사법과 백신을 잘 개발해 두는 것이라고 해야겠네요. 질병마다 전략은 다르지만, 가능한 한 살처분을 줄일 수 있는 방역 방식을 개발해야겠지요. 코로나-19를 막는 법과도 어쩌면 비슷한 것 같기도 하고요.

들뚝라 계속해서 구제역, 조류독감 같은 전염병이 자주 찾아오는 이유는 뭔가요?

천명선 질병마다 주기적인 발생 원인이 모두 다릅니다. 조류독감 같은 경우에는 철새의 이동이 가장 큰 이유지요. 철새의 이동 자체를 막을 수 없으니까요. 사람들의 이동이나 축산과 관련된 물자의 운반이 예전보다 훨씬 빈번하기 때문에 사람으로 인한 전파도 무시할 수 없습니다.

들뚝라 어쨌든 컨트롤 타워의 결정이 중요한 거잖아요. 감염병 대책도 수의학계, 의학계, 정부 부처 등의 컨트롤 타워가 있고, 긴밀한 협력을 이루어

야 한다는 건 다 동의할 거예요. 원헬스 개념을 정
부나 컨트롤 타워가 어떻게 받아들이고 있나요?

천명선 이미 원헬스란 개념은 전문가들 사이에서
잘 알려져 있고요. 정기적으로 환경부, 보건복지
부, 농림축산식품부가 공동으로 주최하는 회의
가 있어요. 또 각계 전문가들이 주기적으로 원헬
스 포럼을 운영하여 협력합니다. 원헬스의 다른
말은 '협력과 소통'이거든요. 그런 소통의 기회가
계속 있다는 것이 중요해요. 예를 들어 1999년 웨
스트 나일West Nile 바이러스가 미국에 처음 퍼졌을
때, 원인 모를 뇌염에 대한 병원체를 찾아내는 데
시간이 많이 걸렸어요. 그런데 당시 동물원 수의
사들이 갑자기 조류가 폐사하는 걸 보고 부검해
원인 바이러스를 찾은 상황이었어요. 만약 그 정
보를 의사들과 공유할 수 있었다면 그 뇌염의 원
인을 빨리 알 수 있었을 텐데 정보 공유가 늦는 바
람에 피해가 커졌어요. 이런 안타까운 상황을 막
기 위해 각계 전문가들이 소통의 채널을 만드는
것입니다.

'불편함'을 더 이상 외면하지 않길

원헬스는 의학적, 윤리적, 경제적으로 접근할 수 있다. 그만큼 원헬스의 우산 아래에서 나눌 수 있는 이야기도, 실천할 수 있는 일도 많다. 다양한 사람이 원헬스를 매개로 소통하고 협력하고 행동하면 큰 변화를 만들 수 있다.

들뜩라 원헬스와 관련해서 다양한 사람의 목소리와 관점이 있다고 알고 있는데요. 어떤 이야기들이 있나요?

천명선 원래 원헬스라는 개념을 분야에 따라 해석을 약간씩 다르게 해요. '비교의학적'으로 해석할 수도 있고, 전 지구에 대해 우리가 책임을 가지고 있다는 이른바 '윤리적'으로 접근할 수도, 때로는 매우 '경제적'인 접근도 가능합니다. 전 지구적으로 어떻게 협력해서 방역 비용을 얼마나 절약했는지 분석하는 게 그 사례이겠지요. 그렇기 때문에 원헬스는 계속 만들어지는 개념입니다. 그 안에 질병과 환경에 대해 많은 분석과 이야기가 있기 때문에 긍정적인 현상이라고 생각해요.

들뚝라 삶을 살아가면서 고민하지 못한 분야가 나타나니까 혼란스럽다는 생각도 드는데, 나뿐만이 아니라 다들 고민하고 있다는 거잖아요. 원헬스에 정답이 있는 게 아니니까, 신념에 따라 한 걸음씩 행동하고 '다른 사람은 이런 이야기를 하고 있구나' 하는 것도 느끼면서, 다 같이 소통하고 경험을 공유하는 것 자체가 프로젝트의 의미가 될 수 있지 않을까 하는 생각이 들어요.

천명선 초반에는 원헬스라는 개념이 윤리적이고 이상적인 접근이라는 인식 때문에 원헬스 정책의 효과를 측정하는 게 어려웠어요. 하지만 이제는 원헬스 정책을 구현했을 때 얼마나 원헬스적으로 보건 상태를 향상시켰는가를 증명하는 체계도 만들어지고 있어요. 보다 과학적인 형태의 원헬스 접근이 시도되고 있는 것이지요.

들뚝라 해외에서는 원헬스에 대해 얼마나 논의가 된 상황인가요?

천명선 최근에는 '원 웰페어One welfare'라는 확장된 개념으로서의 새로운 실천 방안이 생겨나고 있어요. 동물 복지에서 사용하는 '웰페어'라는 단어에서 따온 것이에요. 그래서 원 웰페어란 인간과 동물의 복지가 직관적으로 연결되어 있고, 이는 지속가능한 에코 시스템 안에서 가능한 것이라는 의미이죠. 감염병뿐 아니라 삶의 질 역시 인간과 동물의 것이 함께 고려되어야 한다는 의미이고, 보다 실천적인 수준에서 할 이야기가 많아요.

들똑라 교수님이 생각하는 바람직한 원헬스란 어떤 건가요?

천명선 원래 원헬스란 개념 자체는 전문가들 사이에서 협력과 소통을 위해 시작되었어요. 세분화된 각 분야의 전문가들이 예전에는 단절되어 있었는데 환경, 수의학, 보건 등 각 분야의 전문가들이 모여서 소통하면 새로운 관점과 협력을 이끌어낼 수 있거든요. 제가 이전에 생각한 이상적인 원헬스라는 건 이런 식으로 전문가, 정부, 국제기구가 소통하는 거였어요.

들똑라 결국 소통이 중요하군요.

천명선 그런데 최근에 듣똑라의 '원헬스 프로젝트' 활동을 보니 마찬가지로 전문가들 사이의 소통뿐만 아니라 대중 간 소통도 중요한 것 같아요. 대중이 전문가들의 의견을 참고해서 가치를 만들고, 공유하고, 생활이나 소비의 변화를 이끌어낼 필요성이 좀 더 커진 거죠. 제가 생각하는 이상적인 원헬스도 그런 것입니다.

듣똑라 원헬스의 관점에서 서로 소통하면서 무엇인가 변화되었던 예가 있을까요?

천명선 예전에 원헬스 포럼이 있어서 의사들과 만난 적이 있어요. 반려동물 분과였는데, 반려동물이 매개체가 되어 인간에게 병을 옮길 수 있는 위험에 대한 이야기를 하자고 하더라고요. 하지만 수의사들에게는 환자가 동물이기 때문에 동물이 질병의 매개체일 뿐 아니라 질병에 고통받는 또 다른 대상일 수 있는 거죠. 이런 의견을 듣고 분과의 전문가들이 전략을 변경했어요. 동물과 인간 모두에게 위험을 줄이는 방식으로 말이죠. 반려동물을 만지기 전에는 손을 씻고, 감기에 걸렸을 때 반려동물과의 직접적인 접촉을 피하자는 전략이 포함되었어요. 인간 중심적인 전략에서 동물

을 포함하는 원헬스적 전략으로 바뀐 거죠. 서로
에 대한 고통과 위험을 줄이는 쉬운 방식이 있으
니까요. 이런 의견이 나온 게 코로나-19 이전의 포
럼에서였는데 코로나-19 유행 상황에서도 아주
유용한 전략이 되었습니다.

들뚝라 인간과 동물, 환경의 건강이 하나로 엮여
있고 서로의 문제가 별개가 아니라는 것. 원헬스
의 메시지는 결국 동물권 운동, 환경 운동과도 맞
닿아 있는 것 같아요. 한편으로는 '그래서 나는 뭘
할 수 있을까'라는 생각도 드는데요. 우리 개개인
이 원헬스를 위해 당장 실천할 수 있는 것은 어떤
게 있을까요?

천명선 생태에 회복할 수 없는 짐을 지워주고, 동
물이 동물답게 살지 못하게 하는 우리의 행위가
뭔지 모르고 있지는 않잖아요. 그걸 바꾸는 것은
엄청난 변화가 아닐 수도 있어요. 그렇지만 계속
생각과 습관을 바꾸고, 이런 의식이 주변에 퍼지
면 큰 변화를 이끌어내겠지요. 우리가 동물과 생
태에 지워준 짐에 대해 '마음의 불편함'이라는 것
이 필요한 시대 같아요. 그 불편함이 우리의 행동
을 뒤돌아보게 만들고 개인이, 기업이, 정부가 조

심하면서 인간과 동물 그리고 환경이 보다 안전하게 바뀔 수 있으니까요.

들똑러 나의 불편함을 외면하지 말고 똑바로 바라봐야겠네요. 마지막으로 들똑러 분들께 하고 싶은 이야기도 부탁드립니다.

천명선 코로나-19 사태 속에서 여러 가지 다른 종의 동물도 감염될 수 있다는 경고가 계속 나올 거예요. 사람들은 동물이 어떤 질병에 감염될 가능성이 있다고 의심하는 순간, 그 동물을 위험으로 보고 제거해야 한다고 자동적으로 생각하는 경향이 있어요. 그런데 동물도 이 감염의 피해자고 어쩌면 사람에 의해 그 질병에 감염될 가능성이 큽니다. 그래서 무조건 제거하는 방식으로 인수공통감염병에 접근하지 말았으면 해요. 예를 들면 고양이나 개가 신종 코로나 바이러스에 걸릴 가능성이 있다고 해서 학대하거나 유기하는 행위는 없었으면 좋겠어요. 여태까지 나온 증거로는 사람을 통해서 빠르게 전파하지, 동물을 통해서 인간에게 전파하진 않았으니까요. 동물도 질병에 대해서 인간과 같은 피해자라는 것을 기억해 주셨으면 좋겠고요. 인간이 더 조심해야겠지요. 동물들

은 스스로 질병을 피하거나 예방의 방식을 선택할
방법이 없으니까요. 이런 의미에서 원헬스라는
인간과 동물의 연결 고리를 통해 조금 더 나은 길
을 만들어가면 좋겠습니다.

같이해요! 원헬스 프로젝트

#원헬스프로젝트 #튼똑라이프 #동물권 #비거니즘 #비건지향

이번 주 원헬스 미션의 주제는 '동물'입니다. 원헬스 미션은 하나만 도전해도 좋고, 할 수 있는 건 모두 도전해 봐도 좋습니다. 귀여운 동물 사진에 사르르 웃음이 나온다면, 이번에는 동물에 대한 그 마음을 행동으로 표현해 봅시다.

둘째 주 원헬스 미션

새싹 미션

☐ 동물권과 동물 복지에 대한 콘텐트 감상하기
 - 도서, 다큐멘터리, 팟캐스트 등 어떤 것이라도 좋아요.

줄기 미션

☐ 동물권을 위한 소비하기
 - 동물실험 하지 않는 제품을 찾아서 써요.
 - 우유를 두유나 아몬드 우유로 대체해요.

나무 미션

☐ 채식 한 끼 하기
 - 직접 채식 요리를 하거나 채식 식당을 방문해요.

오늘의 메뉴를 지구와 함께 고민하다

김효은 기자

저는 지독한 '육식파'였습니다. 사실 그전엔 자각하지 못했는데, 원헬스 둘째 주 미션을 수행하면서 알게 된 사실입니다. 미션을 시작하기 전, 지난 일주일 동안 무엇을 먹었는지 노트에 적어 보기로 했어요. 점심에는 제육볶음과 불고기 반찬, 국물이 생각나는 날엔 설렁탕과 육개장, 저녁 약속 자리에서는 삼겹살과 치맥, 족발과 보쌈이 당당하게 노트를 채우고 있었습니다.

　내가 이렇게나 고기를 많이 먹었다니? '내가 먹는 것이 곧 나다'라는 말도 있던데, 이 정도로 제가 육식에 진심인 줄은 몰랐습니다. 굳이 변명을 하자면, 할 말은 있어요. 잦은 외식과 배달 음식이 익숙한 바쁜 현대인에게 육식은 피하기 힘든 선택지입니다. 고기 음식은 다양하고, 간편하고, 심지어 가성비도 좋았습니다….

오래된 식습관을 바꾸려면 무엇보다 동기 부여가 필요했습니다. 우선 동물권이나 동물 복지, 비거니즘에 관한 책과 다큐멘터리를 보기 시작했어요. 도움이 많이 됐던 책은 호프 자런의 《나는 풍요로웠고 지구는 달라졌다》(김영사, 2020)입니다. 현재 내가 누리는 이 풍요가 누구의 희생을 바탕으로 한 것인지 손에 잡히게 설명하는 책인데, 아주 인상적인 비유가 있었습니다.

'OECD 국가들이 매주 하루만 고기 없는 날을 정해 지킨다면, 올 한 해 배곯는 사람들을 모두 먹일 수 있는 1억 2,000만 톤의 식량용 곡물이 여분으로 생기게 된다'

육류 생산을 늘리려면 그만큼 가축의 먹이가 되는 곡류가 필요한데, 내가 고기를 줄이면 여분의 곡류가 생기고 식량난을 해결하는 데 도움이 될 것이라는 설명이었어요. 인류에 기여할 수 있는 솔깃한 제안이었습니다. 또 넷플릭스 다큐멘터리 〈더 게임 체인저스〉(2018)도 비건에 대해 다시 생각하는 계기가 되었습니다. 영원한 터미네이터 아널드 슈워제네거를 비롯해 세계에서 힘세고 근육질로 소문난 사람들이 비건 지향이거나 비건이었다는 사실을 눈으로 보는 것은 도전 의식을 불러일으키기에 충분했습니다.

자, 이제 마음은 먹었으니 실천만 남았습니다. 그런데 시작부터 막막했어요. 심지어 이 캠페인을 주도하는 우리 팀조차도 어떻게 해야 맛있게 채식 한 끼를 꾸릴 수 있을지 몰라 혼란스러워했습니다. 김수지 마케터는 '채식=풀'이라고 생각하고, 시금치와 브로콜리를 데쳐서 한 끼를 먹은 뒤 참을 수 없는 싱거움에

당황했고, '외식파'였던 저는 잔치국수 외에 비건식을 떠올리는 데 한계를 느꼈습니다. 그래서 우리는 단톡방에 비건 식당, 비건 레시피 등을 공유하기 시작했습니다. 우선은 맛있다고 소문난 비건 레스토랑을 찾았는데, 그곳에서 그야말로 비건의 신세계를 경험했습니다. 비건식이라 하면 심심하고 씹는 맛이 없을 것 같지만, 한없이 자극적이고 식감도 화려할 수 있다는 걸 알게 되었죠. 비건 식당에서 자신감을 얻고 난 뒤 직접 요리도 도전했습니다. 처음에는 야채 볶음밥부터 시작했는데, 나중에는 '내가 올리브 오일과 마늘만으로도 이렇게 맛있는 알리오올리오를 만들 수 있는 사람이구나'라는 걸 깨달았어요. 하나 더 스스로를 칭찬하자면 집에서 먹는 우유를 아몬드 우유로 바꾼 것입니다. 아몬드 우유가 이렇게 제 몸에 잘 맞고 고소한 줄 몰랐었죠.

이 미션을 수행하면서 인간의 먹는 행위에 대해 오래 생각했습니다. 별 생각 없이 습관처럼 먹고 있지만, 먹는 행위는 대단히 정치적인 행위일 수 있습니다. 오늘 내가 선택하는 메뉴가 누군가의 삶을 흔들 수도, 바꿀 수도 있죠. 지구를 더 풍요롭게, 혹은 더 빈곤하게 만들 수도 있습니다. 내가 먹는 것이 지구에 어떤 흔적을 남겼을지 생각하는 것만으로도 누군가의 세상이 바뀔 수 있습니다. 저는 오늘도 지구를 생각하며 메뉴를 고민합니다.

3

동물 그리고 환경

2019년 9월, 호주에서 산불이 발생해 코알라가 멸종 위기에 놓였다는 안타까운 소식이 전해졌습니다. '아니, 대체 얼마나 큰 산불이기에?'라는 생각으로 본 현장의 모습은 맹렬한 불길이 모든 것을 집어삼키고 있었습니다.

더 놀라운 것은 산불의 원인 중 하나가 기후변화였다는 사실이었습니다. 지구온난화에 따른 기후변화는 단순히 더워지는 정도에서 끝나는 것이 아닙니다. 기후가 예측할 수 없는 방향으로 변하는 것이 더 큰 문제입니다. 해수면 상승과 잦아지는 홍수, 기록적인 폭염과 한파 등이 인간의 일상을 천천히, 하지만 확실히 파괴합니다. 호주 산불 역시 기후변화로 길고 극심한 가뭄, 기록적인 폭염이 산불을 키웠다고 하죠. 호주 산불은 이대로 가다가는 정말 '지구 종말의 날'이 올지 모른다고 경고하는 신호였는지도 모르겠습니다.

이는 더 이상 남의 나라 이야기가 아닙니다. 우리나라도 지구온난화로 인해 여름이 길어지고 겨울은 짧아지고 있습니다. 점점 더 강한 폭염이 잦아지고 산불 역시 대형화되고 있습니다. 여름에는 홍수와 태풍의 위험이 커지고 봄, 가을에는 가뭄이 심해지고 있습니다. 기후변화는 우리 생활에 영향을 주는 데 그치지 않고 목숨을 위협하기까지 하죠.

기후변화에 대한 이야기는 너무 크고 먼 문제라고 느끼는 사람도 많을 것입니다. 하지만 이제 더 이상 미룰 수 없을 정도로 사람이 만든 기후변화가 다시 사람의 목을 죄어오고 있습니다. 이에 대해 더 크게 느낄 사람은 아마도 지구의 최극단을 오가는 사람일 것입니다. 지구온난화로 남극의 빙하가 녹고 있고, 북극곰이 살 곳을 잃고 있다는 이야기는 들어봤지만 당장 나와는 상관없는 이야기로만 들렸을지 모르겠습니다. 하지만 극지방에서 연구하는 전문가의 이야기를 들어 보면 그 심각성이 피부에 와닿을 것입니다. 펭귄의 일이 우리의 일이 되었을 때는 이미 늦었을지도 모릅니다.

극지연구소에서 동물의 행동을 연구하고 있는 이원영 박사는 매년 남극과 북극을 오가며 펭귄을 비롯한 극지방 동물을 만납니다. 그런데 2020년에는 이원영 박사가 펭귄을 만나지 못하는 초유의 사태가 발생했습니다. 바로 코로나-19 때문이지요. 발이 묶인 상태에서 이원영 박사가 바라보는 인간과 환경의 위기는 어떤 것일까요? 그가 극지방에서 목격한 기후 위기는 어떤 것이었을까요? 그리고 그것은 우리의 삶에 어떤 영향을 주고 있을까요?

극지방 동물에 대한 이야기, 그리고 기후변화가 동물 및 생태계에 미치는 영향에 대해서 중앙일보 환경팀 김정연 기자와 함께 들어 보겠습니다.

함께한 사람들

이원영 대한민국 극지연구소 소속 선임 연구원. 서울대 생명과학부 대학원에서 까치의 행동을 연구해 박사 학위를 받았으며, 지금은 남극과 북극을 오가며 물속을 나는 새, 펭귄을 관찰하고 있다.

김정연 중앙일보 기자. 2019년 7월부터 2021년 6월까지 2년간 환경부와 기상청을 출입하며 환경과 기상·기후 분야를 취재했다. 소리 없이 커지는 '위험한 온난화'를 세상에 알리기 위해 기사를 썼다.

들똑라 홍상지

동물을 연구하는 마음

펭귄 '덕질'을 한다고 표현할 정도로 이원영 박사는 극지방 동물의 매력에 푹 빠졌다. 연구자로서 이원영 박사가 가장 고민하고 신경 쓰는 부분은 무엇일까? 이원영 박사로부터 극지방에서의 일상과 연구자로서의 고민을 들어 보자.

들뚝라 안녕하세요, 이원영 박사님. 저희가 원헬스 프로젝트를 하는 기간에 한국에 계셔서 다행입니다. 주로 한국의 겨울 동안 남극에 가시는 거죠?

이원영 네, 한국이 겨울일 때 남극에 가고, 여름에는 북극에 가요. 다가오는 여름에는 북극에 가기가 조금 어려울 것 같아요. 코로나-19로 인해서 유럽 국가들이 입국을 제한하고 있거든요.

들뚝라 북극도 그렇고 남극도 그렇고 쉽게 갈 수 있는 곳이 아니잖아요. 극지방 연구자의 하루는 어떤가요?

이원영 한국에서 연구하는 것과 크게 다르지 않은데요, 7시에 기상해서 9시부터 출근하고 계속 일을 하다가 6시에 퇴근해서 돌아오고…. 그런데 저녁을 먹고 또 나간다는 게 다른 점이죠. 그러니까 야근을 많이 합니다. 그리고 24시간 밝은 백야 기간이고 조사가 있을 땐 자정 넘은 시간까지 일을 하기도 합니다.

들똑라 식량이나 생활품은 보급선에서 1년 치가 한꺼번에 들어오나요?

이원영 네, 커다란 냉동 컨테이너가 한꺼번에 2개가량 들어오는데요. 1년 치 식량과 생활필수품을 조달합니다. 1년 내내 가 있는 분은 18명으로, 일명 '월동대'라고 하는데요. 남극의 겨울을 나는 분들이죠. 저는 '하계대'라고 불려요. 그러니까 남극이 여름인 기간에만 잠시 가는데, 그런 사람들은 1년에 50~60명 정도? 12월부터 이듬해 2월까지 3개월 정도 남극에 가 있습니다.

들똑라 바로 작년 1월에 남극에 다녀오셨다고요. 주로 어떤 연구를 하고 계시나요?

이원영 남극에서는 여러분도 잘 아시다시피 바닷새인 펭귄을 해양 포유류인 물범과 함께 연구하고요. 북극에서는 북극곰과 사향소, 기러기 등에 대해 연구하고 있습니다. 2020년 1월에도 GPS, 수심 기록계, 비디오카메라를 펭귄에게 붙여서 얼마나 멀고 깊이 헤엄쳐서 돌아다니는지, 펭귄이 주로 이떤 먹이를 먹는지…. 기본적인 생태 조사를 했지요. 그리고 기지 주변에 살고 있는 웨델물범도 함께 관찰하고 왔습니다.

들뜩라 '작년에는 올해보다 멀리 갔네, 어떤 먹이를 많이 먹네' 같은 행동을 연구하시는 거군요.

김정연 세종기지 근처에 사는 웨델물범을 4년간 관찰해서 연구 결과를 학계에 발표하셨다고 들었어요.

이원영 네, 지난 2015년부터 2018년까지 총 4년 동안 웨델물범의 번식 기록을 차곡차곡 모았는데요, 물범의 육아 과정을 정리했습니다. 제가 관찰한 새끼 웨델물범은 남극의 봄이 시작되는 9월 중순에 태어났어요. 해마다 조금씩 차이는 있었지만 대부분 9월 19일과 25일 사이에 출산이 관찰되었고요. 어미는 새끼를 한 마리씩 낳아서 약 3, 4주간 젖을 먹였습니다. 생후 약 18, 19일이 지나서 새끼는 처음 물에 들어가기 시작하는데, 어미는 새끼 옆에서 마치 수영을 가르치듯 함께 헤엄쳤습니다. 새끼들이 수영을 시작한 지 약 3~6일이 지나니 털갈이하는 것이 눈에 확 띄었어요. 물속에 들어가기 위한 준비를 하는 것인데, 태어날 때부터 난 솜털을 벗고 어미와 같이 뻣뻣한 털이 올라와 체온 유지를 돕는 거죠.

듣똑라 신기하네요.

김정연 처음에는 대학원에서 까치를 연구했다가 지금은 펭귄을 '덕질'하듯 연구하신다고 들었습니다. 특히 펭귄의 어떤 포인트에 감명을 받으셨나요?

이원영 물론 귀여운 외모도 빼놓을 수 없겠는데요, 하지만 무엇보다 저에게 가장 매력적인 부분은 펭귄의 잠수였어요. 펭귄은 조류 가운데에서도 잠수에 특화된 유일한 분류군이거든요. 펭귄은 육지에서 뒤뚱뒤뚱 불편하게 걸어다닌다 싶다가도, 물속에서 하늘을 나는 것처럼 잠수를 해요. 그 모습을 보고 너무 감명받아서 더 좋아하게 되었습니다.

김정연 그래서 펭귄을 '물속을 나는 새'라고 표현
하셨죠. 펭귄은 얼마나 깊이 잠수하나요?

이원영 이번에 기록한 바에 따르면 젠투펭귄은 최
고 200미터까지 잠수했어요.

들뚜라 그런데 펭귄이 잠수를 하다가 중간에 쉴 데
가 있나요?

이원영 중간에 얼음 위에 올라가기도 하고, 수면
위에 둥둥 떠서 쉬기도 하고…. 물속에서 생활하
는 것을 어려워하지 않아요. 아직 과학자들이 펭
귄에 대해 알고 있는 게 많지 않아요. 매년 연구를
할 때마다 모든 게 새롭게 느껴집니다.

김정연 펭귄에 관해서 듣다 보니 궁금한 게 많아지
네요. 펭귄이 200미터까지 잠수했다는 걸 측정하
려면 GPS나 수심 기록계 같은 걸 이용해서 측정하
시는 거잖아요. 구체적으로 어떻게 연구가 진행
되나요?

이원영 네, 저희가 쓰는 장비를 방수 테이프를 이용해서 펭귄 등 쪽에 있는 깃털에다 붙이는데요. 예전에는 안전벨트 같은 걸 펭귄 몸통에 채웠다고 해요. 그런데 점점 연구자들이 장비를 펭귄 몸에 붙이는 방법을 개발하니까, 펭귄들이 장비를 신경 쓰지 않고 다니더라고요. 장비의 크기는 엄지손톱 정도고 무게는 10그램에서 20그램 정도예요. 최대 2주에서 3주만 모니터링하는데, 보통 그 기간에는 장비가 떨어지지 않고 잘 붙어 있습니다.

들뚝라 펭귄 연구를 하면서 고민하는 부분이 있으신가요?

이원영 연구 과정에서 펭귄이 받는 스트레스를 어떻게 줄일 수 있을지 고민을 많이 합니다. 저는 펭귄을 좋아하는데 펭귄은 절 좋아하진 않는 거 같더라고요. 어떤 녀석들은 저만 보면 피해요. 제가 펭귄을 짝사랑하는 거죠.

들뚝라 저에게 펭귄은 사람을 좋아하고, 호기심이 많은 이미지라서, 펭귄은 스트레스를 안 받는 것처럼 보이는데…. 박사님 책을 보니 아니더라고요. 펭귄에게 미안한 마음이 든다는 내용도 있었죠. 연구하실 때 가장 신경 쓰시는 부분은 뭔가요?

이원영 '어떻게 하면 동물에게 해를 덜 끼치고 연구할 수 있을까'에 중점을 둡니다. 동물 윤리에 많이 신경 쓰고요. 동물을 아끼는 마음이 있다면 그들이 스트레스를 덜 받는 방법을 고민해야 하는 거잖아요. 그래서 저는 연구 목적 외에는 가급적 동물 가까이에 안 가려고 노력합니다. 그리고 그런 편견이나 오해는 보통 다큐멘터리에 펭귄의 귀여운 모습만 짧게 담기 때문에 생기는 것 같아요. 하지만 펭귄도 남극의 터줏대감 같은 야생동물이거든요. 저는 방문자일 뿐이죠.

돌똑라 펭귄이라고 하면 저희는 그저 뒤뚱뒤뚱 걸어다니는 남극의 마스코트로만 여겼는데, 박사님 말씀을 들으니 저희 멋대로 귀여운 이미지로만 생각하고 있었구나 하는 생각이 들어요.

이원영 맞아요. 사람들이 펭귄을 그저 귀여운 이미지, 아이콘으로만 소비하는 경향이 있더라고요. 그렇게 생각하는 걸 제가 막을 순 없지만. 귀여운 동물도 실제 살아가는 모습을 자세히 들여다보면 남극 생태계에서 상위를 차지하는 포식자이고,

생태계에서 잘 적응해온 진화의 산물입니다. 이런 생태적인 맥락을 이해하고 펭귄을 바라본다면 관습적인 이미지로만 소비하지 않고 새롭게 펭귄을 이해할 수 있을 거예요.

듣똑라 펭귄을 관찰하는 동물행동학자라면, 자주 보는 펭귄에게 정이 갈 것 같은데요. 펭귄이 행복한 가정을 꾸려서 잘살 수도 있지만, 사실은 천적을 만날 수 있고 새끼들을 노리는 도둑갈매기도 있고…. 한 동물에 정이 들면 개입하고 싶은 마음이 들 것 같아요.

이원영 네, 일종의 윤리 딜레마라고 볼 수 있겠는데요. 마음속으로는 응원하지만 실제로 개입을 하진 않아요. 저는 관광객이 아니라 남극의 생태계를 연구하러 간 과학자거든요. 철저히 관찰자여야 하고 개입하면 안 된다는 생각을 갖고 있어요. 왜냐하면 원래 남극은 인간이 들어가면 안 되는 곳이거든요. 최근까지도 남극은 인간의 발이 닿지 않았고, 지금도 과학적인 목적으로만 사용하기로 국가들이 약속한 곳이기 때문이에요. 그런데 만약 제가 동물 사이의 일에 개입하면 생태계에 교란을 일으킬 수 있어요. 예를 들어 제가 도

둑갈매기에게 공격 받는 펭귄이 불쌍하다고 도와
주면 도둑갈매기에게 위협을 줄 수 있으니까요.

듣똑라 그렇네요. 도둑갈매기의 입장도 있는 거니
까요.

이원영 실제로 제가 연구하러 갔을 때 도둑갈매기
연구자도 있었어요. 제가 도둑갈매기에게 당하는
펭귄에게 감정이입이 돼서 안타까워했는데, 이
연구자는 반대로 도둑갈매기를 응원하는 말을 하
더라고요. 그걸 듣고 '내가 한쪽에 치우쳐 있었구
나' 하고 뉘우쳤습니다.

김정연 남극은 특정 나라가 아니라 땅이고, 여러
나라에서 온 사람들이 연구하기 때문에 그 윤리가
각 연구자에게 달려 있다면서요.

이원영 동물을 연구할 때는 윤리에 대한 허가를 각
연구자가 속한 나라에서 받아요. 그래서 어떤 나
라는 동물에 대한 규제가 허술하고, 어떤 나라는
빡빡하죠. 한국도 동물 윤리에 관한 규정이 있지
만 엄격하게 지켜지는지에 대해선 의문입니다.
가끔 펭귄이 받는 스트레스를 생각하지 않고 둥지

가까이에 가서 사진을 찍는 연구자도 있어요. 그래서 남극 현장에선 가끔 제가 악역을 맡아서 국내 연구자에게 충고하기도 하죠.

들똑라 나라마다 기준이 다른 건 처음 알았어요.

이원영 네, 일종의 국제적 가이드라인이나 권고 사항이 있지만 허가는 각 나라에게 맡기고 있습니다.

극지대에서 실감하는 기후변화

기후변화의 대표적인 현상인 지구온난화는 어떤 것이고 왜 그렇게 문제가 되는 것일까? 그리고 이 같은 변화가 극지방의 생물과 생태계에는 어떤 영향을 주는지 들어 보자.

들뚝라 기후변화에 대한 이야기를 본격적으로 해 볼까요. 기후변화라고 하면 지구온난화가 먼저 생각나는데, 이게 왜 문제가 되는 건지 기본적으로 짚고 넘어갈게요.

　　　　김정연 기후변화 하면 '기온 상승'을 먼저 떠올리잖아요? 기온이 점점 올라가고 있다는 것은 전 세계적으로 이견이 없어요. 우리나라도 언제부터인가 5월에도 20도 후반의 기온을 보일 때가 많잖아요. 관건은 '얼마나 오르냐'이지요.

들뚝라 실제로 지구온난화로 인한 자연 재해가 세계 곳곳에서 발생하고 있어요.

김정연 한 사례로 2020년 5월 중순에 알래스카에서 대규모 눈사태가 있었는데 이때 기온이 21도를 기록한 적이 있었어요. 알래스카 위도에서는 상당히 높은 기온이죠. 이처럼 지구의 평균 기온이 올라갈수록 알래스카 눈사태가 점점 커지고, 빈도도 잦아지고 있대요. 알래스카는 사람이 거의 살지 않아서 먼 곳의 일처럼 느껴질 수 있지만, 만약 이게 스위스에서 일어나면 많은 사람이 다치는 사태가 발생하죠. 결국 기후변화는 사람들에게 언젠가 직접적인 피해로 돌아오게 돼요. 그래서 적극적으로 대응해야 한다는 점에는 전 세계적인 공감대가 형성되어 있어요.

듣똑라 그나마 다행이네요.

김정연 2015년 많은 국가가 기온 상승이 2도가 넘지 않아야 하고, 1.5도 이하로 제한하도록 노력하자는 기준에 협의하는 '파리협약'을 채택했어요. 이 온도는 산업화 이전 시기인 1850년부터 1900년대까지의 기온 상승 평균을 기준으로 잡았어요. 가장 최신의 결과는 '세계기상기구WMO'라는 전 세계 기상청의 연합기구가 2020년 1월에 발표한 건데요. 2019년 평균 지구 기온이 산업화 이전 시기보다 1.1도가 올랐대요. 이게 역대 두 번째 높은 기온이고, 1위는 2016년이에요. 우리나라도 매우 더웠던 해죠. 강한 엘니뇨가 태평양에서 발생해서 전 세계적으로 기온이 올랐던 해고요.

들뚝라 기억나네요. 그해 정말 더웠어요.

김정연 우리나라 바닷물 온도가 현재 1도 높아졌어요. 그 결과 인도와 중국 쪽에서 강하고 건조한 고기압이 엄청나게 발달할 거라고 하더라고요. 한국기후변화 연구원에 근무하는 한 박사님과 이야기한 적이 있는데 "기후 패턴 자체가 없어지는 것이 아닌가"라는 말을 하더라고요. 지구 생태계가 사실 업다운up-down의 물결 모양을 보이면서 적당한 균형을 유지하는 것이 지구의 자정 능력인데, 그 능력이 없어질 만큼 기후변화가 큰 것이 아닌가 걱정을 하고 있대요. 그리고 기상청에서도 "'원래 날씨는 하루의 기분과 같고, 기후는 변하지 않는 성격'이라고 이해했는데, 이제는 기후라는 성격마저 변화무쌍해지는 상황이 됐다"고 하더라고요.

들뚝라 날씨를 예측하기도 더 힘들어졌겠네요.

김정연 그리고 우리나라에서는 태풍 이야기를 빼놓을 수 없죠. 지금 일본과 미국 근처에서 허리케인 속도를 예측한 시뮬레이션이 하나 있는데 속도가 느려질 거라는 연구 결과가 있었어요. 태풍은 느리게 지나가면 피해가 더 크거든요. 이런 암울한 전망을 포함해 어떤 식으로든 기상 상황이 점점 위험해지고 있습니다.

들뚝라 지구의 평균 기온이 올라가고 있고, 이게 단순히 날씨가 더워진다는 수준이 아니라 인간에게 직접적인 영향을 미칠 가능성이 있다는 것에 대해서는 국제사회가 모두 동의하고 상승 속도를 줄여보자는 합의에 이르렀다고 볼 수 있겠네요. 결국 기온이 올라가고 얼음이 녹으니까 북극에서 눈사태가 벌어지는 거잖아요. 박사님은 매년 북극과 남극으로 가시니까 그 변화를 직접 목격하시겠네요.

이원영 네, 정말 눈으로 직접 보고 있습니다. '1, 2년 만에 뭐 얼마나 바뀌겠어'라고 생각할 수도 있겠죠. 그런데 세종기지 바로 앞에 있는 마리안 소만Marian Cove 지역은 1년에 대략 50미터 가까이 빙하가 뒤로 후퇴한 기록도 있어요. 평균적으로는 20~30미터 정도 빙벽이 물러나고 있습니다. 벌써 100미터 이상 물러났어요. 서남극에 있는 파인섬 Pine Island이라는 지역의 빙하는 3년간 19킬로미터가 후퇴했다는 발표도 최근 있었습니다. 연간 6킬로미터 정도의 속도니까 정말 빠른 속도죠. 위성사진으로도 쉽게 파악이 될 정도입니다. '아, 여기 또 무너졌구나' 하는 게 느껴지죠. 바다의 지도인 해도를 자주 제작해야 할 정도로 빨리 녹고 있습니다. 이렇게 빙하가 빠르게 녹는다면 해수면도 상승할 거란 예측이 나오고 있어요.

들뚝라 그런 상황이 거기 살고 있는 생명들에게 어떤 영향을 미치나요?

이원영 가장 직접적으로는 빙하가 녹으면서 민물이 많이 유입이 되기 때문에 염도가 많이 떨어지고요. 수소 이온 농도pH라든지 해수의 환경이 엄청나게 빨리 바뀌겠죠. 그럼 오랫동안 바다에 적응한 생물들이 직접적인 타격을 받아요. 그 과정에서 계속 바다에 작은 미립자가 흘러들어가기도 하는데요. 그걸 먹은 크릴이 대량으로 폐사한 기록이 있기도 합니다.

듣똑라 크릴이 펭귄의 주된 먹이죠?

이원영 네, 그렇죠. 세종과학기지에 있을 때 크릴이 수만 마리 떠밀려 온 일이 있었어요. 그런 일이 주기적으로 반복돼서 왜 그런지 의문을 가졌죠. 한 아르헨티나 연구원이 실험 연구를 해봤더니 그 근처에 발생한 빙하 후퇴 때문에 크릴이 직접적인 영향을 받은 것 같다고 하더라고요.

듣똑라 그럼 실제로 그 크릴을 먹고 살아야 하는 펭귄의 개체 수에도 변화가 있나요?

이원영 모든 지역이 같은 경향을 보이진 않지만 남극 일부 지역에선 개체 수가 급감하고 있습니다. 제가 연구하는 지역에는 턱끈펭귄이 크릴을 주로 먹고 있는데 최근 몇 년 동안 번식 수가 줄어들고 있거든요. 환경부의 〈남극특별보호구역 모니터링 및 남극기지 환경관리에 관한 연구 보고서〉(2021)에 의하면 지난 2013년엔 3,332쌍이 있었는데 약 8년이 지난 2021년엔 2,416쌍으로 줄었습니다.

들뚝라 눈에 띄게 줄고 있군요.

이원영 네, 조금 더 연구를 해 봐야겠지만 아무래도 이런 크릴의 가용성이 떨어지는 게 영향이 있지 않나 싶어요. 한편으로는 크릴이 떠밀려 오면 그걸 먹는 갈매기들이 있어요. 걔네는 복이 터진 거죠. 빙하가 후퇴하면서 드러난 육지에 갈매기가 둥지를 트고 번식하고 있습니다. 원래 위도가 낮은 따뜻한 지역에 사는 애들인데 최근 들어 번식지를 점점 확장하고 있습니다.

들뚝라 번식이 왕성해진 동물도 있고, 개체 수 유지가 어려운 동물도 있는 거군요. 남극은 얼마나 기온이 올라간 거 같나요?

이원영 제가 지난 1월에 남극기지에서 나올 때 영상 10도였거든요. 그런데 한국에 도착하고 나서 아르헨티나 기지에서는 20도까지 올랐다는 기사를 읽었지요.

들뚝라 20도면 봄 날씨보다 따뜻한 거 같은데요?

이원영 코로나-19 사태로 많이 알려지지 않았는

데, 지난 남극의 기온은 정말 상상을 초월할 정도
였어요.

김정연 보통 남극 기온이 어떻게 되나요?

이원영 추운 곳은 영하 80도까지 내려가는 곳도 있
지만 세종기지는 그나마 남극에서도 가장 따뜻한
곳에 있긴 해요. 그런데 이번에는 유례없이 따뜻
했다고 합니다. 어떤 분들은 반바지를 입고 활동
했어요. 그리고 지난겨울에는 비가 많이 내려서
물안개가 끼기도 했죠.

김정연 물안개는 공기 중에 작은 물방울들이 뜨는
거잖아요. 남극은 너무 추워서 물방울이 떠 있을
수 없고 얼어서 눈으로 떨어질 텐데, 물안개가 끼
는 게 가능한가요?

이원영 저도 처음 봤습니다. 그리고 원래 남극은
추운 사막이라고 불려요. 춥고 건조한 걸로 유명
한데, 물안개가 꼈다는 건 굉장히 습해지고 있다
는 걸 방증하거든요. 남극 기후가 빠르게 바뀌고
있다는 점을 과학자들은 심각하게 우려하고 있습
니다.

김정연 환경이 습해지면 생물들에게 어떤 영향을 끼치나요?

이원영 기존 남극에 적응한 생물들은 살기 어려워지고, 습한 곳에 잘 사는 생물들이 늘어나죠. 최근에는 남극에서도 현화식물이 늘어나고 있다는 연구가 있거든요. 현화식물은 꽃을 피우는 식물을 말해요. 실제로 개미자리 같은 현화식물들이 최근에 점점 더 서식지를 확장하고 있어요. 세종과학기지 근처에도 심심찮게 꽃을 피운 식물을 볼 수 있습니다. 연구원끼리 나중에 모내기를 할 수 있겠다는 농담까지 나와요.

김정연 북극곰을 비롯한 극지방의 동물들은 어떤가요?

이원영 북극곰이 육지에 올라와서 새 둥지의 새알을 먹는 것을 관찰했어요. 북극곰은 새알을 먹지 않습니다. 원래는 고리물범을 잡아먹는데, 사냥이 어려워지니까 손쉽게 구할 수 있는 다른 먹잇감을 찾고 있는 것 같았어요.

들똑라 고리물범은 왜 잡기 어려워진 거예요?

이원영 얼음이 줄어들었기 때문입니다. 북극곰은 보통 물범을 사냥할 때 바다 얼음 위의 작은 구멍에서 기다리는 전략을 택합니다. 앞에서 기다리고 있다가 물범이 숨 쉬러 고개를 내밀면 사냥하는 방법을 쓰는데, 바다 얼음이 사라지면서 점점 구멍이 넓어지니 기존 사냥법으로는 잡기 어려워지는 거예요. 먹이를 찾을 수 있는 환경이 점점 사라지고, 체중도 감소하고…. 기존에 먹지 않던 새 알을 먹을거리로 찾는다든가, 인간의 서식지로 내려와 쓰레기를 뒤지는 일까지 많아지는 거죠.

지구온난화라는 부메랑

기후 위기에 대한 책임은 결국 인간에게 있다. 이 점을 인정하고 대책을 마련해 행동하는 것이 중요하다. 전 세계 국가들은 이 문제에 어떻게 대응하고 있을까? 국제사회가 논의하고 합의한 내용에 대해 알아보자.

들뜩라 극지방 동물들이 멸종 위기에 놓였다는 말을 들으면 안타까운 마음이 들면서도 사실 당장 내 문제라고 여기기는 어려워요. 극지방에서 벌어지는 위기가 우리에게는 어떤 영향을 미치는지 궁금해요.

이원영 제가 답을 드리자면, 일단 극지에 있는 동물들은 탄광의 카나리아에 비유할 수 있어요. 극지역은 지구에서도 가장 온난화가 빠르게 진행되는 곳이거든요. 언젠가 우리에게 닥칠 미래지만 얘네들이 가장 최전선에서 먼저 경험하고 있는 거죠.

듣똑라 유해가스를 먼저 감지하는 카나리아처럼 극지방에서는 경고 신호가 계속 울리고 있는 상황이라고 이해하면 되겠네요. 이렇게 기후변화가 가져오는 위기에 비해서 사람들이 이 심각성을 잘 인지하지 못하는 건, 이 기후변화가 당장 우리 눈에 보이는 것이 아니라서 그런 것 같거든요. 우리가 일상에서 놓치고 있는 기후변화의 징후에는 어떤 것들이 있을까요?

김정연 가장 체감할 수 있는 건 날씨잖아요. 여름은 이제 점점 더 더워질 거라고 하네요. 마찬가지로 겨울 날씨도 이전보다 따뜻해지고 있고요. 아까 박사님이 남극에 비가 오고, 물안개가 끼는 이야기를 해주셨는데, 우리나라도 2019~2020년 겨울에 눈이 안 오고 대부분 비가 내렸습니다. 지난번 호주 산불같이 큰 재해도 전 세계적으로 많이 늘어나고, 태풍이나 허리케인에 대한 경고도 많았고요.

듣똑라 기후 위기라고 하면 단순히 기온이 올라가는 정도에서 그치는 게 아니라 이상기후 현상이 곳곳에서 관찰되죠. 또 호주에서는 산불이 발생하는 와중에 다른 곳에서는 갑자기 우박이 떨어지고요. 전문가들은 계속 해수면 상승으로 인한 기후 난민 문제에 대한 경고를 하고 있지요.

김정연 이렇게 극단적인 날씨가 많아지고 예측이 불가능해지는 건, 결국 인간에게 위험해질 것이라는 분석이 있습니다. 2019년 2월에 기상청에서 〈이상기후보고서〉를 발간했거든요. 이 보고서에 계절의 길이를 연구한 것이 있는데요. 지금 우리나라가 탄소 배출을 하는 산업과 생활 형태를 유지할 경우 2100년에는 1년의 절반이 여름이래요. 무려 168일 동안 여름이라는 거죠.

듣똑라 1년에 168일이 여름이라고요? 우리가 이대로 계속 탄소 배출량을 줄이지 않으면?

김정연 네, 겨울은 67일에 불과할 거라고 하고요. 거의 열대지방이 되는 거죠. 체감이 안 될 수도 있는데, 지금 여름 길이가 116일, 겨울 길이가 108일 정도거든요. 겨울은 한 달 이상 짧아지고, 여름은 그만큼 길어져서 남부지방은 빠르면 1월에 봄이 시작될 수 있다고 하더라고요.

듣똑라 또 궁금한 것이 있어요. 왜 기온이 상승하면

태풍, 홍수 같은 극단적인 기상 현상이 발생하는
건가요?

김정연 물을 끓이는 것으로 생각하면 이해가 쉬운
데요. 물을 냄비에 받기만 하면 변화가 없잖아요.
그런데 가스 불을 켜면 처음에는 방울이 보글보글
올라오다가 나중에는 팔팔 끓습니다. 이처럼 열
을 받으면 에너지가 많아져서 불안정성이 커져요.
대기는 물, 공기 같은 요소들로 이루어져 있는데,
지금처럼 기온이 점점 높아지면 물도 따뜻해집니
다. 그런데 이것들이 가진 에너지가 어디 갈 데가
없는 거예요. 물이 끓듯이 요동치는 것이라서 기
존의 모델링으로 예측하기 어려운 뒤죽박죽인 기
후가 나타나는 거죠. 그리고 그런 기후가 강하고
오래 나타날 수 있어서 걱정하는 거예요.

들뚝라 한편으로는 전문가들이 이런 말을 하죠.
"지구가 간빙기에 와 있다" 그런데 빙하기에서 간
빙기로 가는 거면 지구의 온도가 올라가는 것이
문제없지 않나 하는 의문이 들거든요. 기후변화
가 위기라고 말하는 것은 속도의 문제인가 하는
생각이 들어요.

이원영 아, 다른 기후 연구자에게서 듣기로는 기존의 기후가 변한 패턴들을 봤을 때 이건 단순한 기후변화로 보기는 어렵다고 해요. 지금 벌어지는 급격한 기온 증가는 인간의 활동으로 인해 늘어난 이산화탄소가 초래한 결과이기 때문이죠. 그래서 용어를 쓸 때 기후변화Climate change와 지구온난화Global warming를 구분하라고 하더라고요. 기후변화라고 하면 원래 변화하던 역사적인 흐름인데, 지구온난화는 인간이 산업화 이후에 만든 가스 덕분에 불과 100년 사이에 1도 이상이 증가한, 특이하고 인위적인 현상입니다.

들똑라 결국 급속도로 지구가 따뜻해지고 있는 것은 인간에게 책임이 있다는 거죠. 그런데 아직도 안 믿는 사람이 있더라고요.

김정연 일부 석유 산업 종사자나 기업 등은 아직도 기후변화는 과학자들이 연구비를 목적으로 날조한 것이라고 주장하고 있어요.

들똑라 현재 국제사회가 지구온난화를 줄이기 위해 합의한 내용을 좀 더 설명해 주실 수 있을까요?

김정연 지금 지구온난화와 관련해서 논의되고 있는 모든 국제적인 협의는 2015년 파리에서 있었던 유엔기후변화협약 당사국 총회에서 결정된 파리기후변화협약을 기반으로 합니다. 그때 195개국이 참여해서 앞으로 지구의 온도 상승을 막기 위해서 온실가스를 줄이는 방법을 협의한 건데요. 이때 195개국이라는 숫자가 가지는 의미가 있습니다. 이전에는 20~30개 선진국만 동참했다면, 파리협약에서는 잘사는 나라뿐만 아니라 전 세계가 동참한 거죠.

들뚝라 그렇군요. 어떤 내용을 합의했나요?

김정연 이때 협약한 것이 아까 말씀드린 '지구 평균 기온을 2도 이상 상승시키지 말자'는 거예요. 온실가스를 앞으로 단계적으로 감축하자는 거죠. 이걸 지키도록 각 나라에 숙제를 준 셈이에요. 그 숙제를 제출해야 하는 기한이 2020년이었어요. 2021년 1월부터 적용이 되기 때문에 각국에서 제출을 완료해야 하는 상황이었죠. 그래서 우리나라도 제출을 해야 했는데, 현재 온실가스 배출량이 정부 의지에 따라서 나라마다 기준이 달라요. 미국은 20~28퍼센트 감축한다고 하고, EU는

2030년까지 절대량 40퍼센트를 감축한다고 해요. 우리나라는 배출 전망치 대비 37퍼센트 감축을 목표로 하거든요. 2030년 온실가스 배출 예측량 대비 37퍼센트를 줄이겠다는 거예요. 그런데 우리나라의 2030년 배출 전망치가 꽤 높아요. 거기서 37퍼센트를 줄인다 해도 국제사회에서 충분치 않은 수치죠.

들뚝라 37퍼센트라는 수치가 작아 보이지 않는데, 외국에서는 여전히 부족하다고 지적한 것이 배출 전망치 기준 목표라 그런 거군요.

김정연 네, 예를 들어 지난달 제 소비가 70만 원, 이번 달 소비가 100만 원이라고 해보죠. 이대로라면 다음 달 소비가 130만 원이라고 예상이 되죠. 거기서 20퍼센트 줄이겠다고 해도 100만 원보다 많이 쓰는 거잖아요.

들뚝라 돈으로 생각하니까 이해가 쏙쏙 되네요!

김정연 2020년 각 나라가 온실가스 배출 계획을 제출하고 이 계획을 가지고 어떻게 결론이 날 것인가, 또 다음 목표를 어떻게 설정할 것인가가 환경 전문가들의 관심사였어요. 2021년 5월에 열릴 유엔기후변화협약 당사국 총회에 다들 기대가 컸거든요. 그런데 코로나-19 때문에 연기됐다고 해요. 온실가스 감축에 큰 터닝 포인트가 빨리 이루어졌으면 좋겠네요.

멸망을 막는 0.5도의 차이

지구 평균 기온이 2도 상승한다면 어떤 미래가 올까? 지구온난화의 위기 속에서 세계는 탄소 배출을 줄이는 방안을 준비하고 행동으로 옮기고 있다. 여러 이해관계가 얽힌 가운데 우리나라의 시나리오는 무엇인지 살펴보자.

들뚝라 파리협약을 보면 지구 평균 기온 상승을 2도 아래로 유지하고, 1.5도를 넘지 말자고 하잖아요. 도대체 1.5도와 2도 사이에 어떤 차이가 있는지 궁금하더라고요. 만약 지구 평균 기온이 2도 이상 올랐을 때는 생태계 등에 어떤 변화가 있나요?

이원영 지금 과학자들의 연구에 따르면, 만약에 기후가 2100년까지 2도만큼 상승했을 때는 전 세계 산호초 개체분의 99퍼센트 이상이 사라진다, 그러니까 절멸한다고 보면 됩니다. 산호를 지구에서 영원히 못 보는 거죠. 반면 만약 평균 기온이 약 1.5도만 올라간다면 산호가 멸종할 확률이

70~90퍼센트까지 낮아집니다. 2100년이 되었을 때 해수면이 상승하는 정도도 다릅니다. 2도 상승 시엔 최대 87센티미터 높아지지만 1.5도 상승 시엔 최대 77센티미터 오르는 수준이죠.

듣똑라 '0.5'라는 숫자가 작아 보이지만 엄청난 차이를 만드는군요.

이원영 네, 평균 기온 상승이 2도에서 1.5도로 바뀌면 곤충이나 식생이 사라질 확률이 절반 가까이 줄거든요. 곤충은 18퍼센트에서 6퍼센트, 식물은 16퍼센트에서 8퍼센트, 척추동물은 8퍼센트에서 4퍼센트로 각각 절멸률이 낮아집니다. 어획량 역시 절반 정도로 차이가 벌어지는데요. 1.5도 상승 시엔 150만 톤이 감소하는 수준이지만 2도 상승 땐 300만 톤이 감소해요.

듣똑라 단 0.5도 차이로 어획량이 두 배나 적어지네요.

이원영 그뿐 아닙니다. 전체적인 육상, 담수, 연안 생태계 변화 정도가 달라지고요, 해양 온도 상승과 산성화 역시 큰 차이를 보입니다. 따라서 1.5도는 인류를 비롯한 생물종의 유지를 위해선 필수적인 마지노선이라고 보면 될 것 같아요. 종합해서 볼 때, 1.5도가 상징하는 바는 커요. 물론 1.5도까지 오는 것도 막으면 좋겠지만, 어쩔 수 없다면 최저 저지선은 정해서 이 정도까지 막자는 최소한의 목표입니다.

들뚝라 지구 온도가 계속 상승 중인데 1.5도에서 멈추는 게 가능할까요?

이원영 쉽지는 않을 거예요. 지금 당장 전 세계 국가들이 온실가스 배출을 완전히 멈출 각오로 노력해야 도달할 수 있거든요. 하지만 1.5도와 2도 차이의 중요성을 감안하면 반드시 이뤄야 하는 목표이기도 해요. 2도로 목표를 처음 잡았을 때 사람들이 '2도도 힘들지 않을까?'라고 생각했거든요. 그런데 목표 설정 이후에 지구온난화에 직접적으로 영향을 받는 사람들이 늘어났어요.

들뚝라 지구온난화의 심각성을 더 확실하게 깨닫게 된 거군요.

이원영 네. 예를 들면 나라 자체가 물에 잠길 위험

이 있어서 투발루 같은 섬나라는 벌써 이주를 시작했어요. 그런 나라들이 좀 더 보수적인 기준으로 1.5도에 대한 특별 보고서를 요구한 거예요. 2018년 송도에서 열린 기후변화에 관한 정부간 협의체IPCC 총회에서 1.5도에 대한 특별 보고서를 제출했죠. 2도가 아닌 1.5도에서 멈추면 해수면 상승으로 인해 고통받는 사람들이 약 1,100만 명 정도 줄어들 수 있다는 거예요.

듣똑라 우리나라는 어떤가요?

이원영 지난 100년간 한국 연평균 기온은 약 2도 상승해서 전 지구 평균 상승을 두 배가량 상회하고 있습니다. 도시화로 인한 열섬 효과 등으로 기온이 높게 오른 것으로 파악되고 있어요.

김정연 1.5도 목표를 세운 지 몇 년이 지났는데 이제야 다들 노력하는 모양새예요. 지금처럼 온실가스 배출이나 기온 상승이 계속될 경우에는 50년 후에는 전 세계 인구의 3분의 1이 사하라사막처럼 변한 곳에서 살게 될 거라는 연구 결과가 있어요. 사하라는 평균 기온이 29도고, 최고 기온은 40도가 넘는데, 전 세계에서 35억 명이 사는 지

역이 이런 땅으로 변할 거라는 말이죠. 해수면 상
승으로 인한 침수 지역까지 포함하면 인류의 피해
가 더 크겠죠.

이원영 과학자들의 전망에 따르면 지금과 같은 탄
소 배출이 2100년까지 이어지면 지구 평균 기온
이 4도에서 5도까지 오른다는 예측이 있고요. 그
렇게 되면 황제펭귄이 절멸하는 시나리오까지 나
와 있습니다.

들똑라 문제의 시급성이 느껴지고, 할 수 있는 걸
다 해 봐야겠다는 생각이 드네요. 탄소 배출량 목
표치를 세우더라도, 목표를 이룰 실질적인 대책
이 있어야 하잖아요. 우리나라는 어떤 대책을 세
우고 있나요?

김정연 한국 정부는 '2030년까지 2017년 대비
24.4퍼센트를 감축하겠다'는 2015년 파리협약 때
와 같은 계획을 2020년 유엔기후변화협약에 그
대로 제출했다가 '어떤 행동도 하지 않는' 75개 국
가 중 하나로 지목됐어요. 뉴질랜드, 멕시코, 브라
질, 오스트레일리아, 일본도 우리나라와 마찬가
지로 감축 목표를 2015년과 그대로 제출했고, 아

예 감축 목표를 제출하지 않은 국가도 있다고 해
요. 유엔기후변화협약은 대부분의 회원국들에게
감축 목표를 높여서 다시 제출하라고 했고요. 기후
위기의 심각성이 기후변화의 문제를 미루고 있는
각국 정부에 있는 게 여실히 드러났죠.

들똑라 많은 이해관계가 얽혀 있어서 그런 것 같아
요. 요즘 기사들을 보면 '그린 뉴딜'이라는 단어가
참 많이 등장해요. 문재인 대통령도 한국판 뉴딜
에 그린 뉴딜이 포함돼야 한다고 언급을 했죠. '탄
소 중심의 경제를 저탄소 경제로 전환해 친환경
일자리를 만들어 경제와 환경 모두의 지속가능한
발전을 이뤄내는 것'이라는 그린 뉴딜의 취지는
공감이 되는데 사실 그림이 잘 안 그려져요. 김정
연 기자는 환경 분야를 취재하니까 이 단어가 친
숙하시죠? 실제로 정부가 그리고 있는 그린 뉴딜
의 밑그림 같은 게 있나요?

김정연 그린 뉴딜이라는 단어 자체가 '그린Green'과
'뉴딜New deal'이잖아요. 방점을 그린에 찍을 수도,
뉴딜에 찍을 수도 있어요. 그린 뉴딜을 언급하는
주체마다 방점이 달라요. 그린 뉴딜에 대한 정확
한 정의와 공통된 합의가 없기 때문에 그린 뉴딜

을 어떻게 진행할까에 대해서는 전문가들도 논의
가 필요하다는 상황이거든요. 얼마 전 환경정책
평가연구원에서 한국판 뉴딜의 발전 방향을 토론
했는데요. 전문가 사이에서도 '그린'과 '뉴딜'의
정의가 잘 안 되어 있다는 말을 해요. 그리고 당장
추진해야 한다는 사람도 있고, 아니라는 사람도
있고, 의견이 갈려요. 아직 논의는 부족한데 우선
실행에 옮기려다 보니 충돌이 있는 거죠.

들뚝라 이제 막 밑그림을 그리는 상황이네요.

채식은 기후에 얼마나 영향을 미칠까

육류 소비를 줄이기만 해도 기후변화를 늦추는 데 도움이 된다고 한다. 그 근거는 무엇일까? 남극에서 채식을 시도했다는 이원영 박사의 이야기를 들어 보자.

들뚝라 요새 환경 관련 다큐멘터리나 책을 자주 찾아보는데요. 보면 꼭 축산업에 대한 이야기가 빠지지 않고 나와요. 공장식 축산에서 사용되는 토지와 에너지, 가축이 내뿜는 가스 배출량이 어마어마하다는 건데요. 그래서 '기후변화 속도를 늦추는 가장 효과적인 방법은 육식을 자제하는 것'이라는 주장도 나오고요. 들뚝라도 이런 내용을 접하면서 육식을 줄이고 있는데, 잘하고 있는 건가요?

이원영 네, 저는 더 많은 분이 고기 소비를 줄이는데 동참했으면 좋겠어요. 2019년 기후변화에 관한 정부간 협의체에서 〈기후변화와 토지

Change and Land〉보고서를 낸 적이 있어요. 여기서 채식이 기후변화를 막는 데 효과적인 하나의 방법이 될 수 있다고 명시했거든요. 실제로 채식을 하면 육식에 비해 동원되는 에너지의 양이 적기 때문입니다.

들뚝라 이원영 박사님도 최근에 채식을 시작하셨다고 들었어요.

이원영 네, 2019년에 세종기지에 머무는 동안은 고기를 한 번도 안 먹었고요. 2018년에 장보고기지에서부터 처음 시도했어요. 그때 같이 있었던 연구원이 완전 비건으로 채식을 하고 있었어요. 비건이라고 하면 고기와 관련된 모든 것, 유제품까지 전혀 먹지 않잖아요. 그 연구원을 보고 기지에서도 가능한 일이라는 걸 깨닫고 세종기지에서 시도했어요. 물론 해산물이나 고기를 완전히 끊지는 못했어요. 그런데 기지 사람들한테 이런 식단을 하는 사람이 있다는 것을 보여주고 싶었어요. 조리 대원도 저를 배려해서 고기 식단이 나올 때는 다른 음식을 챙겨주기도 했고요. 조금씩 변화가 일어나지 않을까 해서 저도 목소리를 높이기로 했습니다.

들뚝라 극지방에서 목소리를 내시는지는 몰랐네요. 그곳에서는 채식이 더 어려울 것 같아요.

이원영 흔히 사람들은 고기를 먹어야 힘이 난다, 추위를 견딘다고 하는데 넷플릭스에서 〈더 게임 체인저스〉(2018)라는 다큐멘터리를 보면 로마 시대의 검투사들은 콩을 먹던 사람들이었다고 해요. 또 채식을 하는 게 더 많은 열량을 낼 수도 있고 운동을 하는 사람들에게는 더 건강한 식단이 될 수 있다는 연구가 있어요.

김정연 운동선수 중에서도 채식을 하는 사람이 많다면서요?

이원영 유명 테니스 선수 자매인 세레나와 비너스 윌리엄스도 둘 다 채식을 하죠.

들뚝라 〈더 게임 체인저스〉를 보면 채식 운동선수에 대한 다양한 사례가 나와요. 그중에 무거운 것을 드는 기네스북 기록에 도전하는 분이 있어요. "어떻게 풀만 먹는데 황소처럼 힘을 내나?"라는 질문을 받으면 그 사람이 대답하기를 "황소도 풀만 먹는다"고 하죠. '고기가 꼭 힘을 내는 데 필요한 것인가?'에 관한 연구도 많이 있죠.

이원영 육류 소비가 이렇게 늘어난 건 인류 역사로 보면 최근이에요. 공장식 축산도 100년이 채 되지 않았고요. 육류 업계 종사자들이 고기를 먹어야 힘이 난다는 캠페인을 많이 진행했죠.

들뚝라 물론 사람마다 사정이 다르니까 고기를 완전히 먹지 않을 수는 없을지도 몰라요. 하지만 내가 먹는 육류 소비량을 좀 줄이면 어떨까 하는 생각을 했어요.

김정연 박사님이 남극에서 채식을 한다고 하셨을 때 앞서 채식을 하신 분이 궁금해서 찾아봤거든요. 지금은 이화여대에서 박사 과정을 하는 분인데 어떻게 준비를 했냐고 물었더니, 비건 즉석식품을 위한 컨테이너를 하나 준비하겠다고 배려해 줬다고 하더라고요.

들뚝라 와, 혹시 그분은 어떤 연구를 하시나요?

김정연 얼음과 물리학 연구를 하고 계세요. 메뉴에 재료만 표시를 해도 좀 더 간편하게 채식을 할

수 있잖아요. 그런데 채식 자체가 세종기지에서
드물다 보니까 그냥 조금씩 먹었더니 조리 대원이
신경을 써줬대요. 예를 들면 버터 대신 오일로 채
소를 볶는다든가 하는 식으로요.

들쭉라 기후변화를 여전히 부정하는 사람들도 있
어요. 가장 대표적인 게 도널드 트럼프 전 미국 대
통령이었죠. 파리협약을 탈퇴하며 '기후변화는
거짓'이라고 주장했어요. 당장 코로나-19 사태로
국제 경제가 어려워진 상황에서 탄소 배출량 감축
미션도 각국 정부 입장에서는 부담일 수 있고요.
그런데도 이런 노력을 게을리해서는 안 되는 이유
는 뭘까요?

김정연 그럼에도 불구하고 해야 하는 이유는 얼마
든지 있죠. 공기의 주인이 없다고 생각해서, 각자
쓰기만 하고 책임지지 않아서, 지금까지 이렇게
탄소가 쌓인 거라고 생각하거든요. 최근에 경제
와 연계된 논의가 있어요. 온실가스 배출권이 산
업계에서 가장 핫한 이슈 중 하나거든요.

들쭉라 온실가스 배출권이 뭔가요?

김정연 온실가스를 배출하려면 배출권을 사업장이 사야 하는 거예요. 지금까지는 오염물을 내는 것에 비용이 없었지만, 이제는 돈을 내야 하는 거죠. 대부분의 나라가 이것을 수용하고 동의하고 있지요. 조금씩 더 확대가 될 거예요. 대기업뿐만 아니라 중소기업도 대상이거든요.

들똑라 무상으로 써왔던 것에 이제는 비용을 지불하는 개념이네요.

김정연 2008년 유엔기후변화협약 당사국 총회에서 2100년의 기후변화에 대해 발표를 했어요. 이때 어떤 사람이 "이 중에서 2100년에 살아 있는 사람들이 어디 있겠냐?"라고 말했더니 또 다른 사람이 "내 딸, 손녀가 살아있는데"라고 답했대요. 다음 세대가 사용할 것들을 우리가 당겨 쓰고 있다는 사실 자체가 실천을 해야 하는 이유가 아닐까 합니다.

이원영 기후는 인간에게도 중요하지만 동물에게도 중요한 문제거든요. 지구에는 인간만 사는 것이 아니니까요. 기후변화를 믿든 안 믿든 지금 동물들이 사라지고 있고, 기온이 상승하면 더 많은 생물이 사라질 거라는 예측이 있어요. 그렇기 때문에 누군가는 지구온난화를 부정해도, 우리는 지구에 살아가는 생물들을 걱정하고 더 나아지는 방향을 고민해야 합니다.

나의 소비가 많은 것을 바꾼다

기후변화에 대응하기 위해서는 전 세계 정부와 기업의 역할이 중요하다. 그러나 개인이라고 손을 놓고 있을 수는 없다. 한 사람 한 사람이 할 수 있는 일이 분명히 있고, 그것으로 많은 것을 바꿀 수 있다.

듣똑라 이제는 좀 더 우리가 할 수 있는 것에 대해 이야기해보면 좋겠어요. 스웨덴의 청소년 기후 활동가 그레타 툰베리가 "어른들이 우리 미래를 훔치고 있다"며 등교 파업에 나선 뒤 전 세계 청소년이 움직이기 시작했죠. 그만큼 미래 세대에게 기후변화는 '내 문제'라는 인식이 빠르게 번져가고 있어요. 박사님은 이런 청소년들의 움직임을 보면 어떤 생각이 드세요?

이원영 우선 굉장히 미안하고요. 한편으로 무기력해요. 청소년들을 볼 때 결국 이 친구들이 자라서 사회의 주역이 됐을 때 우리 기성세대를 정말 많이 원망하겠구나 싶더라고요. 최근에는 '기후 슬픔Climate grief'이라는 용어도 나왔는데요. 2018년 쿤솔로Ashlee Cunsolo와 엘리스Beville R. Ellis라는 학자가 〈네이처 기후변화Nature Climate Change〉에 발표한 논문에서 제안한 용어입니다. '생태 슬픔Ecological grief'이라고도 하는데, 심해진 환경 파괴와 기후변화를 보면서 느끼는 슬픔과 불안, 무력감을 지칭한다고 하더라고요.

듣똑라 네, 정확히는 '기후변화와 관련된 상실로 인한 정신 건강 반응A mental health response to climate change-related loss'이라고 정의하더라고요.

이원영 저도 한때 우울했어요. 연구한다고 갔는데, 펭귄들은 한 해 한 해 힘들어지고 있고, 나는 관찰자에 불과하고, 내가 할 수 있는 것은 너무 미미하고 막연하고…. 제가 작게 느껴지더라고요. 내가 과학자로서 할 수 있는 일은 너무 적은 것 같아서 힘들었어요. 한편으로는 내가 사회를 바꾸지 못하더라도 개인적인 것부터 시작해 보자는 생각으로 채식도 시작하고 소비할 때도 많은 고민을 하고 있습니다.

Climate grief

들뜰라 한국은 온실가스 배출량 세계 7위, 1인당 배출량은 4위라고 들었어요. 이런 순위를 들으면서 '우리가 할 수 있는 것'에 대해 더 생각해 보지만 한편으로는 '개인이 한다고 뭐 얼마나 큰 변화를 일으킬 수 있겠어. 기업이 노력하고 정부가 바뀌고 국제사회가 주도해야지.' 이런 마음이 들기도 해요. 박사님은 이런 생각을 가진 사람들에게 어떤 이야기를 해 주고 싶으세요?

이원영 우선 여론과 정부를 구성하는 것이 국민이 잖아요. 개개인이 관심을 잃으면 기업과 정부도 관심을 잃을 거라고 생각해요. 우리나라도 환경 정책을 내세우는 의원들에게 관심을 줄 필요가 있고요. 그렇게 해야지 바뀔 수 있어요.

김정연 기후변화 관련해서 가장 인상 깊었던 사건 하나는 '기후 소송'인데요. 기후 소송에서 최초로 이긴 게 네덜란드 사례예요. 시민들이 국가를 상대로 생명권과 건강권을 침해한다는 헌법소원을 냈는데, 2019년 12월에 대법원이 판결을 냈어요. '기후변화기 국민에게 끼칠 영향을 생각하면 국가가 온실가스 배출을 감축할 의무가 있다'는 결론을 내렸죠. 기후변화 소송이 전 세계에서 1,000건 정도 진행되고 있대요. 네덜란드의 판결이 좋은 선례가 된 거죠. 우리나라에서도 헌법재판소에 기후 소송을 내서 논의가 진행되고 있고요. 국민이 관심을 보이면 기업과 정부가 움직일 거예요. 이런 믿음을 가지고 나부터 실천하면 좋지 않을까요.

들똑라 선거 때 공약집 같은 걸 보면, 예전에는 환경 공약을 찾기 힘들었는데 요즘은 정당마다 환경 공약이 있잖아요. 유럽에는 이미 녹색당 같은 친환경 정당이 큰 비중을 차지하고 있고요. 결국 국민의 관심이 뒷받침되어야 한다는 생각이 들어요. 기후 위기를 위해서 투표를 잘하는 것도 중요하지만 개인이 할 수 있는 것에는 또 어떤 것이 있을까요?

이원영 내가 무엇을 소비하는지도 관심을 가져야 해요. 채식을 한다 해도 아보카도 샌드위치를 먹는 것과 토마토 샌드위치를 먹는 건 다르거든요. 숲을 파괴하고, 탄소를 배출하는 비행기를 타고 온 아보카도를 먹는 것과 지역 농산물을 먹는 건 다릅니다. 흔히 '탄소 발자국Carbon footprint'이라고 부르는 푸드 마일리지를 생각하면 어떤 것을 먹는 게 온실가스를 줄일 수 있는지 명확해지죠. 내가 먹는 것이 어디서 왔는지 생각하는 것은 중요합니다.

김정연 1990년대 이전에는 물이나 전기를 절약하자는 말을 많이 했는데 최근에는 그런 인식과 개념이 희미해졌거든요. '이렇게 풍족하게 쓸 수 있는데 아껴야 해?'라는 생각이 깔려 있는 것 같아요. 수요 감축에 대해 다시 생각해야 할 때입니다.

들뚝라 제가 쓰는 것이 어디서 비롯됐는지, 너무 많이 쓰는 것은 아닌지 뒤돌아봐야겠네요.

김정연 재생에너지는 공급에 대한 옵션이고, 기본적으로 중요한 건 수요 절감이라고 에너지 전문가들이 말합니다. 덜 쓰는 게 최선이라는 거죠. 또 우리가 치울 수 있는 만큼만 오염시키며 사는 방법을 고민해야 합니다. 기후변화나 탄소 배출 등 인간이 해결할 수 있는 선을 넘어서 발생한 사태가 지금 이 현실이 아닌가 생각하거든요. 높은 산을 오를 때 자기가 만든 쓰레기를 모두 지고 내려가야 하잖아요. 마찬가지로 내가 먹고 쓰는 모든 것들이 짐이라고 생각하면, 내가 질 수 있는 것만 만들어야 하고요. 그렇게 한 사람 한 사람이 생각하는 게 모이면 많은 것이 바뀌지 않을까요?

같이해요! 원헬스 프로젝트

#원헬스프로젝트 #듣똑라이프 #제로웨이스트 #미니멀라이프

때때로 쓰레기봉투를 내놓다 보면 이 많은 쓰레기를 내가 생
산했다는 데 마음이 불편해집니다. 나 때문에 쓰레기로 몸살을
앓고 있는 지구를 위한 습관에 도전해 봅시다. 마음만큼 가벼
워지는 생활도 덤으로 얻을 수 있어요.

셋째 주 원헬스 미션

새싹 미션

☐ 일상 속 자원 절약하기
   - 양치 컵을 쓰고, 절수 샤워기로 교체해요.
   - 가까운 거리는 걷거나 자전거를 타요.

줄기 미션

☐ 덜 소비하고 나눠 쓰기
   - 새 상품 구매 대신 중고 거래, 물물교환을 시도해요.

나무 미션

☐ 생활 쓰레기 줄이기
   - 물티슈 대신 손수건을 사용해요.
   - 텀블러, 장바구니 등 다회용품을 사용해요.

뭔가를 '하기' 보다 '안 하는' 것이 중요한 때

이현 기자

새로운 결심은 대개 무엇인가를 새로 장만해야겠다는 마음으로 이어지곤 합니다. 새해부터 일기를 쓰겠다며 일단 예쁜 다이어리부터 하나 사고, 운동을 하겠다며 스마트워치를 사는 식으로 말이죠. 환경을 위한 실천도 '소비'에서 시작되는 경우가 많습니다. 대나무 칫솔을 주문하고, 텀블러를 사고, 에코백과 장바구니를 사는 것으로 원헬스 프로젝트를 시작할 수 있습니다.

그런데 뭔가를 새로 사기 전에 잠깐만 생각해보면, 화장실에는 아직 세트로 장만한 플라스틱 칫솔이 남아 있고, 찬장을 뒤져보면 보냉력이 좀 약하지만 그럭저럭 쓸 만한 텀블러가 한두 개씩 나옵니다. 에코백은 또 얼마나 많은지 요일마다 바꿔가며 들 수 있을 정도지요.

때로는 '하는 것'보다 '하지 않는 것'이 중요하지 않을까? 이런 마음으로 생활 속에서 자원을 절약하고, 소비를 줄이는 것이 원헬스 프로젝트의 셋째 주 미션입니다.

가장 의미 있는 '안 하기' 실천법이 뭘까 고민하다 떠올린 저만의 셋째 주 미션은 '봄옷 새로 사지 않고 버티기'였습니다. 봄만 되면 간절기 재킷이 없는 것 같고, 바깥은 꽃이 한창인데 내 옷장만 칙칙한 것 같습니다. 봄 재킷 하나 살까, 원피스 하나 살까, 귀여운 후드티 하나 살까…. 소비 심리도 봄바람처럼 살랑거리죠. 한 철만 지나도 바지핏 유행이 바뀌고, 전 국민이 비슷비슷한 디자인의 옷을 잽싸게 맞춰 입는 다이내믹 코리아!

'하지 않는' 실천은 '하는' 실천보다 어려울 수 있습니다. 개인적으로 셋째 주 미션이 다른 실천 미션들보다 보여주기 어렵다는 점에서 가장 어려웠습니다. 소비를 줄이고, 물을 아껴 쓰고, 쓰레기가 덜 나오게 생활하는 것에는 SNS 감성의 '한 컷'이 없으니까요. 주변 사람들에게 슬쩍 자랑할 수 있는 실천이면 왠지 더 뿌듯하고 신이 날 텐데 말이죠.

그런 이유로 든똑러들에게 저는 '봄옷 사지 않기' 미션을 매일 같은 옷을 입고 출근하는 다소 극단적인 방법으로 보여주었습니다. 맑은 날에도 비 오는 날에도 후드 집업 하나 걸치고 집을 나섰습니다. 그렇게 봄옷 사고 싶은 마음을 꾹 누르고 회색 후드 집업 하나로 2020년 봄을 났습니다. 이렇게 미션 수행을 했다고 생색을 내고 있지만 사실은 덕분에 출근 준비가 한결 수월해져서 좋았습니다. 원헬스 프로젝트 중이라는 핑계 아닌 핑계로, '사람들이 나 옷 이거밖에 없는 줄 알겠다' 하는 걱정 없이 매일 같은 옷을 입을 수 있었으니까요.

SPA 브랜드와 인터넷 쇼핑몰 덕분에 예쁜 옷을 쉽고 싸게 살 수 있는 세상입니다. 한 철 입고 나면 보풀이 나거나 봉제선이 뒤틀리거나 목이 늘어나는 옷도 많지만 "어차피 싸게 샀어" 하며 버리고 새 옷을 사면 그만이죠. 그런데 저와 비슷한 생각으로 계절마다 옷을 몇 개씩 버리고 새로 사는 사람이 1,000만 명이라고, 아니 1억 명일 거라고 생각하면 심란해집니다. 버려지는 옷만이 문제가 아니라, 그 많은 옷을 만들기 위해 면화도 그만큼 많이 재배해야 하겠죠. 또 하나, 불편해서 애써 떠올리지 않으려 하지만 우리가 싸게 살 수 있는 것은 십중팔구 누군가의 '값싼 노동'으로 만들어집니다.

저에게 원헬스 프로젝트는 우리가 지구를 덜 파괴할 방법을 찾아보는 일이기도 했고, 언제까지 우리의 경제 시스템이 소비로 지탱될 수 있을까 하는 고민의 시작점이기도 했습니다. 동시에 마음속 구멍을 메워보려 허겁지겁 물건을 사고, 여행을 위한 비행기 표를 예매하고, 맛집을 검색하던 제 생활 습관을 돌아보는 시간이기도 했습니다. 이미 사둔 물건부터 알뜰하게 다 쓰려고 하니 수납 공간이 여유로워졌고요. 바람 쐬러 차를 몰고 교외 카페에 가는 대신 가까운 산책로를 걷는 것도 생각보다 괜찮았습니다. 멋이 좀 없어 보이면 어떻습니까. 멋이 제 인생과 지구를 지켜주나요.

4

환경 그리고 인간

자기 소유물을 함부로 다루는 사람은 없지요. 더군다나 그것이 단 하나뿐인 소중한 것이라면, 더럽히지 않으려고 애쓰고 고장 나면 보수하면서 오래오래 쓰려고 하겠죠. 하물며 하나밖에 없고 인간 존재의 기반인 지구는 더 소중히 대해야 하는 게 아닐까요.

문제나 고난이 생기면 누군가를 탓하고 싶은 게 사람입니다. 팬데믹이나 재난 상황에서도 잘못을 다른 곳에 돌립니다. 야생동물 때문이다, 공기가 건조하기 때문이다, 지구 온도가 상승했기 때문이다…. 그런데 문제의 근원을 좇다 보면 도달하는 곳은 결국, 다시 인간입니다. 인과응보는 바로 이럴 때 쓰는 말이 아닐까요?

나비의 날갯짓이 지구 반대편에서는 태풍을 일으킬 수 있다는 나비효과에 대해 다들 아실 겁니다. 세상의 큰 움직임은 실은 아주 작은 날갯짓에서 시작될 수 있습니다. 한 사람 한 사람이 무심코 쓰고 버린 쓰레기가 모여서 지구를 병들게 하고, 그 대가가 다시 인간에게 돌아옵니다. 아주 크고 치명적인 결과로요.

어떻게 해야지 지금이라도 바로잡을 수 있을까요? 한 명 한 명이 생각을 바꾸고 행동해야만 큰 변화가 이루어집니다. 일회용품 사용을 줄이는 것과 채식을 시작하는 것처럼 처음에는 작고 사소해 보이는 것일지라도요. 그 시간이 길기 때문에 아무 변화도 없는 것처럼 느껴질 뿐이죠. 물은 100도에서 끓지만 99도라고 안 뜨거운 것은 아니니까요.

이런 이야기를 하면 '정부나 기업이 움직여야지, 나 하나가 뭘 한다고 무슨 영향이 있겠어?'라고 생각할지 모르겠습니다. 그러나 개인의 의견이 모여 여론이 형성되고, 그 움직임으로 정부나 기업을 변화시킬 수 있습니다.

'나도 환경을 위해 뭔가를 하고 싶지만 어디서부터 시작할지 모르겠어!'라고 생각하는 분도 있을 거에요. 그런 분들에게 들똑라는 다양한 대안과 가능성을 보여주고 싶습니다. '이런 방법도 있구나' '이런 생각을 하고 이런 일을 하는 사람도 있구나' 같은 걸 보면서 자신을 돌아볼 수 있도록요. 환경보호는 아주 창의적인 활동입니다. 환경을 보호하기 위한 아이디어를 내고, 새로운 활동을 추진하고, 새 사업을 시작하기도 하죠. 이렇게 상상력을 발휘하다 보면 환경보호는 꽤 즐거운 일이라는 걸 알게 될걸요?

이제 각자 다른 곳에서 환경을 위한 활동을 하는 분들을 만나봅시다. 방법은 다르지만 환경을 보호한다는 이들의 목표는 같습니다. 우리는 무엇을 할 수 있을까요?

함께한 사람들

고금숙   환경·여성 운동가. '금자'라는 이름으로 10년 넘게 시민운동을 했다. 화장품 미세 플라스틱 금지법 운동, 다양한 플라스틱 어택, 리필 스테이션 알맹상점 등 주변 사람들과 일상을 바꾸고 작은 승리를 이루는 활동들을 계속하고 있다.

정다운   보틀라운지 대표. 일회용 플라스틱 컵 사용을 줄이기 위한 다양한 활동을 하고 있다. 최근에는 포장 없는 팝업 장터 '채우장'을 기획 및 운영하고 있다.

들뚝라   이지상, 홍상지

일회용 없는 세상, 가능할까?

일상에서 할 수 있는 환경보호 중 쉬운 것으로 대부분 일회용품 사용 줄이기를 꼽는다. 그러나 너무 익숙하고 편리한 일회용품 사용을 줄이기란 쉽지 않다. 이 어려운 일을 나를 넘어 우리와 함께하는 일을 해온 사람들을 만나보자.

들똑라 먼저 '쓰레기 덕질'을 하신다는 고금숙 님 이야기부터 들어볼까요? 본인을 '호모 쓰레기쿠스'라고 설명하시던데요.

고금숙 길을 가다가도 버려진 쓰레기를 보면, 쟤를 구해야겠다는 생각이 들어요. 커피를 담은 일회용 컵이 눈에 밟히는 사람들, 이런 사람들이 쓰레기 덕후 같아요. 쓰레기가 쓰레기가 아니게 되는 삶을 만들자고 함께 뭉친 사람들을 신인류라고 생각해서 '호모 쓰레기쿠스'라고 명명했어요.

들똑라 원래 여성환경연대에서 10년 넘게 활동하셨잖아요. 미세 플라스틱 문제, 대형 마트 영업시간 제한, 생리대 유해 물질 문제 제기 등 다양한 활동을 하셨죠. 곧 운영하신다는 '알맹상점'은 어떤 가게인가요?

고금숙 '껍데기는 가라, 알맹이만 와라'라고 해서 '알맹 캠페인'이라는 것을 했거든요. 1년 전에는 상암동 홈플러스 매장에 가서 '플라스틱 어택'을 했어요. 말 그대로 '플라스틱을 공격'하는 활동인데요. 유통이나 제조 단계에서부터 포장재를 줄이라는 의미로 쇼핑한 뒤에 플라스틱을 다시 마트에 다 돌려주는 거예요. '우리 플라스틱 없어도 장 볼 수 있어요'라는 것을 소비자가 보여주는 거예요. 물론 치우는 건 결국 청소 노동자의 몫이 될 것 같아 퍼포먼스로만 진행하고 다시 가져와 제대로 분리수거했어요. 그런데 이 활동을 해도 바뀌는 게 별로 없는 거예요. 게다가 전통 시장은 대형 마트와 달리 비닐봉지 규제가 없어요. 그래서 내가 다니는 시장부터 바꿔야겠다는 다짐이 들어서 같이하실 분을 망원동에서 20명 정도 모았어요. 이분들과 함께 장바구니를 대여하는 활동을 열려고 했는데 실패했어요. 상인들의 협조를 받기가 어려웠거든요.

들뚝라 상인들 입장에서는 현실적으로 어려울 수
도 있겠네요.

고금숙 그렇죠, 포장재가 필수인 것도 있잖아요.
그래서 '리필 스테이션'을 만들어야겠다고 생각
해서 만든 게 알맹상점이에요. 알맹상점은 망원
시장 근처에 있어요. 이 가게에서는 무료로 용기
를 대여해 드려요. 올리브 오일, 세제, 식초 등을
자기 용기에 알맹이만 담아갈 수 있는 거죠.

들뚝라 보틀팩토리(현 보틀라운지) 정다운 대표님은,
2016년에 음료를 유리병에 담아주는 팝업 형태
카페로 시작해서 2018년 보틀팩토리 문을 열었
다고 들었는데요. 보틀팩토리는 어떤 곳인가요?

정다운 보틀팩토리는 카페가 아니라 '우리 동네 컵
세척소'라고 설명하고 있는데요. 일회용 플라스틱
컵이 버려진 이후의 여정을 따라가 봤는데, 거의
재활용이 안 되더라고요. 그래서 일회용 컵 사용
자체를 줄여야 한다고 생각했어요. 카페에서 일회
용 컵을 안 쓰는 게 힘들긴 하겠지만 정말 불가능
한 일은 아니다 싶어서 팝업 형태로 운영했어요.

듣똑라 사람들 반응이 어땠나요?

정다운 손님들이 반납할 장소가 많아지면 더 편하겠다고 말하더라고요. 하지만 그게 결코 쉽지 않을 거라고 생각했죠. 그런데 옆의 고깃집을 보니 맥주병, 사이다병, 소주병을 다 사용한 후에 씻어서 재사용하더라고요. 마찬가지로 쉽지 않은 일인데, 익숙하니 당연하게 느껴지잖아요. 테이크아웃 컵을 공유 자전거처럼 공유한다는 개념도 처음에는 말이 안 되게 들리지만 언젠간 가능하지 않을까 하는 생각이 들었죠. 그래서 컵을 대여하는 서비스를 시작하기로 결심했어요. 그런데 이걸 실행하기 위해서 먼저 가능성을 검증할 수 있는 공간이 필요했어요. 그래야 다른 카페를 설득할 수 있잖아요. 그래서 보틀팩토리에서 일회용품 없는 카페를 본격적으로 운영하게 됐습니다.

듣똑라 연희동 동네 카페에 갔더니 '보틀클럽'이라고 써 있더라고요. 텀블러를 대여해주는 서비스라고 해서 이런 것도 있구나 했어요. 그게 정다운 대표님이 시작한 일이라고요?

정다운 네, 테이크아웃을 원하는 손님에게 일회용 컵 대신 다회용 컵을 빌려드리고 다시 받는 방식이에요. 보증금은 받지 않고 있어요. 처음에는 일회용 컵은 전혀 구비하지 않는 걸 원칙으로 했기 때문에 어떻게 할까 고민하다가 사람들에게 텀블러를 기부 받았어요. 집에 안 쓰는 텀블러가 하나씩은 있잖아요. 그래도 반납은 체크해야 하니까 '보틀클럽'이라는 이름을 붙였어요. 회원제처럼 가입하면 컵을 빌려갈 수 있어요. 보틀클럽을 채택하는 카페들이 계속 많이 생겼고, 점점 늘려나가는 걸 목표로 하고 있어요.

들똑라 정 대표님은 2018년부터 '유어보틀위크'라는 행사를 시작하셨죠. 유어보틀위크는 보틀팩토리를 비롯한 몇몇 카페들이 연합해서 딱 한 주 동안은 일회용품을 안 쓰는 행사예요. 거길 찾아오는 손님들은 이 카페들에서 텀블러를 빌릴 수 있고 어느 곳에나 반납할 수 있는 거였죠?

정다운 네, 유어보틀위크는 1~2주만 하는 거였는데 기간이 끝나고도 계속 텀블러를 빌려주는 곳이 있더라고요. 요즘에는 서울 이외의 지역 카페에서 유어보틀위크에 대해 문의해오는 경우가 있어요. 카페 영업자들도 플라스틱 폐기물에 대해 불편한 마음이 있더라고요. 소비자일 때는 오히려 괜찮았는데 매일 일회용 컵에 음료를 팔려니까 마음이 더 안 좋대요.

들똑라 실제로 보틀팩토리에는 반납함이 있어서 카페 문이 닫혀 있어도 텀블러를 반납할 수 있지요. 그런데 회수율이 어느 정도 되는지 궁금하네요.

정다운 생각보다 많이 돌려주세요. 그런데 저희가 동네, 단골 기반인 데다 내일 당장 돌려달라는 것도 아니고, 반납하면 포인트를 드리거든요. 물론 전부 돌아오지는 않고 그걸 기대하지도 않았어요. 그래도 깨끗하게 씻어서 돌려주는 분도 있고 많이 반납하는 편이에요.

들똑라 유어보틀위크를 시작할 때는 힘들지 않으셨어요?

정다운 처음이 제일 어려웠어요. 맨 처음 카페 운영자들을 설득할 때 말을 꺼내는 게 너무 어려웠어요. 너무 뜬금없게 들릴 수 있으니까요. 그다음부터는 좀 수월해졌지만요.

고금숙 저도 비슷한 경험이 있는데, '알맹 망원시장'이라는 이름으로 망원시장에서 비닐봉지를 사용하지 않는 프로젝트를 했을 때예요. 비닐봉지를 안 쓰고 자기 장바구니를 들고 오면 지역 화폐를 드리는 거라 처음에는 쉽게 생각했어요. 왜냐하면 저희가 장바구니도 다 빨아서 배달해 드리고 하니까 잘될 거라고 생각했어요. 그런데 사람들이 오랫동안 비닐봉지를 사용했으니까, 변하기가 쉽지 않더라고요. 그래서 망원시장 상인회 회의에 과일을 사 들고 가서 인사도 드리고 설득하다 보니 80여 곳 중 20여 곳의 상점이 동참했어요. 어쨌든 사람들이 쓰레기 문제가 있는 건 알지만 실제로 행동을 바꾸는 건 다른 문제 같아요.

들똑라 정다운 대표님도 카페에 유어보틀위크를 제안했을 때 사장님들 반응이 어땠어요?

정다운 처음에 유어보틀위크를 제안했을 때, 어떤 분이 차라리 어떤 기업을 정해서 텀블러를 나눠주고 일주일 동안 쓰는 계획을 말하더라고요. 그런데 저는 그런 식으로는 변화할 수 없지 않나 생각했어요. 사람들이 일상적으로 카페에 가는데 그 일상이 변해야 한다고 생각했어요. 그러니까 카페 자체가 바뀌어야 하는 거죠. 보틀팩토리를 시작할 때의 목표는 컵 공유였고, 지역 내 카페들과 네트워크가 필요했는데 그 단계가 너무 어렵고 쉽지 않았어요. 그러면 계속하자고 하는 건 힘들어도 잠깐 해 보자고 하면 괜찮지 않을까 싶어서 일주일로 정한 거였어요.

들뚝라 진행하신 프로젝트를 듣다 보면 카페 운영자나 시장 상인들 모두 쉽게 쓰고 버리는 일회용품에 대해 문제의식은 가지고 있다는 생각이 들어요. 다들 알고 있지만 어떻게 실천해야 하는지 막막하고 이미 편하게 쓰는 데 익숙해졌으니까 누군가 시작하지 않는 이상 행동하기 어려운 거죠. 두 분은 그 시작의 도화선을 당기신 거죠.

고금숙 아까 잠깐 말했던 플라스틱 어택도 원래 외국에서 시작된 활동인데요. 플라스틱이 자연은 물론 인간의 건강에도 좋지 않아요. 유해물질이 석유화학산업 물질, 플라스틱에서 많이 나오거든요. PE폴리에틸렌나 PP폴리프로필렌로 되어 있는 건 비교적 안전하지만 PVC폴리염화비닐는 재활용도 안 돼요. 분리수거 과정에서 페트에 PVC가 섞여 있으면 바로 소각해요. 그 과정에서 염소 가스가 발생해요. 또 PVC 제품은 만드는 과정에서 노동자의 간 건강에도 해롭고요. 그래서 독일은 20년 전부터 PVC 사용을 금지했어요. 플라스틱 어택에서도 PVC를 퇴출해달라는 운동을 진행했고, 덕분에 국내에서도 PVC 포장재가 음식 포장용으로는 금지되었습니다.

들똑라 그런 변화를 직접 보게 되면 그때부터 '덕질'이 시작되는 것 같아요.

고금숙 2019년에는 홍대 앞에서 플라스틱 컵 어택을 했어요. 20명이 모여서 홍대 길거리에서 플라스틱 컵 1,000개를 주워서 다 씻고 브랜드 분류를 했더니 가장 많이 나온 컵 브랜드 1등이 메가커피, 2등이 스타벅스였어요. 그 매장에 정중하게 컵들을 돌려드리면서 일회용품을 회수하는 체계를 만들라고 요구했어요.

들똑라 컵을 다시 돌려줬을 때 카페들의 반응은 어땠나요?

고금숙 스타벅스는 사용한 일회용 컵을 모아가면 한 잔당 100원에서 300원 할인이 된대요. 그래서 몇백 개를 가져가니 직원 분이 당황하시는 거예요. 하지만 저희 취지를 설명하니 부드럽게 받아 주셨어요.

들뚝라 1,000개나 주우려면 정말 힘들었겠네요.

고금속 정말 노동이에요. 줍고, 씻고, 돌려주고…. 그런데 거리로 돌아오면 다시 똑같이 쌓여 있어요. 그래서 제안한 게 '컵 보증금제'였어요. 빈 소주병을 가져가면 한 병에 100원, 맥주병은 130원 주잖아요. 적어도 100원의 보증금을 내고 소비자 책임을 지워야죠. 물론 100원 따위 신경 쓰지 않는 사람은 100원을 버리겠죠. 하지만 누군가가 그걸 주워오면, 그 사람한테 100원이 가는 거예요. 폐지처럼 말이죠. '생산자책임재활용Extended Producer Responsibility'이라는 제도가 있어요. 제품 생산자나 포장재를 이용한 제품의 생산자에게 그 제품이나 포장재의 폐기물에 대하여 일정량의 재활용 의무를 부여하는 겁니다.

들뚝라 생산자책임재활용 외에 '빈 용기 보증금' 제도도 있죠.

고금숙 빈 용기 보증금 제도는 소주, 맥주의 판매 가격에 공병 값을 포함해 소비자에게 판매한 후 소비자가 공병을 소매점에 반환할 때, 보증금을 환급해주는 거예요. 그러니까 보증금 제도는 소비자가 책임을 지는 겁니다. 또 2020년 자원 재활용법이 국회에서 통과되었어요. 그리고 2022년 6월부터 컵 보증금제가 시행됩니다. 카페나 음식점에서 음료를 주문할 때 일회용 컵에 일정 금액의 보증금을 부과하고, 컵을 반납하면 보증금을 돌려주는 거죠. 이게 바로 시민들의 힘이 세상을 바꾸는 것을 보여주는 사례입니다.

일상 깊숙이 들어온 플라스틱 폐기물

낱개 포장, 묶음 포장, 이중 포장…. 이런저런 방식으로 포장한 것들을 무심코 구매한다. 하지만 과연 꼭 필요한 포장일까? 당연해 보이던 것에 의문을 제기하는 것에서 시민운동을 시작할 수 있다.

들뚝라 우리 사회에 플라스틱 쓰레기가 얼마나 깊숙이 들어와 있는지 좀 더 이야기해 보겠습니다. 딱 떠오르는 건 방금 이야기하신 것처럼 일회용 플라스틱 컵, 빨대, 비닐봉지 등이 생각나요. 그 외에 우리가 은연중에 만드는 쓰레기가 무엇이 있을까요?

정다운 정말 많아요. 예를 들면 편의점에 갔더니 지우개, 펜 같은 문구가 다 비닐로 낱개 포장이 되어 있더라고요. 이럴 필요가 정말 있을까? 어찌 보면 당연하게 여길 수 있는 것들이 이상해 보였으면 좋겠어요.

고금숙 다들 위생에 관심이 많잖아요. 그런데 위생을 위한 개별 포장이 우리 쓰레기 덕후들에게는 거슬리죠. 쓸데없는 쓰레기들이 많아지잖아요. 스팸 캔에도 10년 전에는 노란 뚜껑이 없었어요. 참치 캔에 그런 뚜껑이 있어요? 없잖아요. 노란색 플라스틱 뚜껑이 어느 순간 스팸 캔에 생겼어요. 이런 쓸데없는 포장은 바뀌어야 해요. 없앨 수 있는 것들이거든요.

들쭉라 정말 그렇네요. 익숙한 것을 새롭게 볼 필요가 있겠어요.

고금숙 또 색깔 들어간 스티로폼은 분리수거가 되지 않아요. 재활용 업체에 돈이 안 되기 때문이에요. 그러면 그냥 흰색 스티로폼을 쓰면 되잖아요. 아무런 기능도 없는데, 단순히 고기를 더 신선하게 보이게 만드려고 빨간 스티로폼을 이용하는 거죠. 규제가 없으니까. 이런 건 재활용품이 아니라 쓰레기예요. 다른 스티로폼도 재활용 못 하게 막는 일종의 교란종이죠. 이런 것들을 지양하는 데는 큰 노력이 들지 않는데 관행처럼 쓰이고 쓸데없이 버려지는 게 너무 많아서 참 안타까워요.

들뚝라 저도 그 생각을 했어요. 살면서 생활 쓰레기를 아예 안 만들 수 없고, 그러면 분리수거를 잘하면 되지 않을까? 그런데 분리수거를 잘해서 버려도 재활용이 안 되는 경우가 많더라고요.

고금숙 우리나라는 재활용률이 59퍼센트로 전 세계에서 독일 다음이라고 하거든요. 독일은 60퍼센트가 넘는다고 해요. 그런데 사실 '재활용률'이 아니라 '재활용 수거율'이에요. 결국 재활용이 진짜로 얼마나 되는지는 모르는 거죠. EU는 실제로 재활용이 얼마나 되느냐가 수치로 잡히는데 우리나라는 공개를 안 해요. '카더라' 통신에 의하면 선별장에서 20~30퍼센트만 재활용된다고 해요. 수거한 절반 이상은 재활용이 안 된다는 말이죠. 플라스틱 빨대가 재활용이 될까요? 빨대끼리 버리면 됩니다. 하지만 누가 그렇게 버려요? 선별장에서는 빨대는 너무 작아서 돈이 안 되니 다 소각하거나 매립하는 거죠.

들뚝라 그래서 요즘 종이 빨대를 대신 많이 쓰죠.

고금숙 비건은 우유 대신 두유를 먹는데, 두유 테트라 팩에는 항상 빨대가 붙어 있어요. 선택권이 없어요. 두유를 사는 순간, 자연스럽게 일회용 빨대가 따라오는 거예요. 이런 선택권이 없을 때 고민이 들죠. '우유를 먹을 것인가, 일회용 빨대를 쓸 것인가?' 이런 선택권이 없는 사회에서는 플라스틱 문제를 해결하기 어렵죠.

들뚝라 그 문제와 관련된 활동도 하셨다고요.

고금숙 네, '쓰담쓰담' 소비자 운동 단체에서 시작했는데요. 첫 번째 타깃이 매일유업이었어요. 한 달 동안 각자가 모은 빨대와 함께 '빨대 없는 디자인을 고민해 달라' 같은 요청을 적은 편지를 보냈어요. 기업과 소비자가 이야기하고 고민하는 과정이니까 공격적인 것만은 아니죠. 그래서 바뀌면 기업 이미지에도 좋고, 노력하는 자세를 보인다는 게 기업의 신뢰도를 높이는 거 아니겠어요. 저희 노력의 결과로 매일유업도 일부 제품에서 빨대를 빼기 시작했고, 그것이 화제가 됐어요.

들뚝라 정 대표님은 우리가 버린 일회용 플라스틱 컵이 어떻게 되는지 알고 싶어서 직접 쓰레기 수거차를 따라가서 그 과정을 기록하셨잖아요.

정다운 시작은 궁금증이었어요. 나는 하루에 커피를 서너 잔씩 마시는데 일회용 플라스틱 컵이 몇 개가 나올까? 이것들이 제대로 재활용이 될까? 저 수거차를 따라가면 알 수 있을까? 그래, 따라가 보자! 그렇게 가게 된 거예요.

들뚝라 구체적으로 무엇을 하셨나요?

정다운 수거차 운전석 옆에 앉아서 많은 이야기를 들었어요. 쓰레기 수거 노동자가 음식물이 남은 채 배달 용기가 버려지는 것을 보고 '패키지에 어떻게 버려야 하는지 정보를 넣으면 좀 나아질까'라고 생각하셨다는데, 저는 '왜 이분이 이런 고민을 해야 하나'라는 생각이 들었어요. 배달 서비스 업체 등 서비스나 제품을 제공하는 기업에서 생각해야 하는 영역이 아닐까요? 자신들이 생산한 제품이 마지막에 어떻게 되는지, 와서 직접 봐야 한다고 절실히 느꼈어요. 예를 들면 한 생수 회사의 제품은 페트병이 푸른색이에요. 그저 신선해 보이기 위한 마케팅 차원에서 색이 들어간 거죠. 그런데 이렇게 색이 들어가면 재활용 단계에서 어려움이 생겨요. 다행히 현재는 여러 사람의 노력으로 유색 페트병 생산이 금지됐죠. 이런 식으로 쓰레기의 행적을 따라다니며 참 많은 걸 느꼈어요.

들뚝라 어떤 점을 느끼셨나요?

정다운 일회용 플라스틱 컵이 재활용되지 않는 이유는 기술적인 문제가 아닌 경제적인 문제였어요. 재활용이 잘 되려면 그 쓰레기가 '돈'이 되어야 해요. 페트병에 비해 돈이 안 되는 일회용 플라스틱 컵을 위해 공장을 짓고 재활용하는 곳이 없는 거죠. 페트병으로는 주로 자동차 바닥재나 충전재를 만들어요. 그런데 어마어마한 양의 페트병이 버려지고, 그 양도 예전에 비해 엄청나게 증가했는데 그에 비해 페트병으로 재활용해 만드는 물건의 수요가 계속 증가하고 있지는 않지요. 재활용은 무언가를 새로 만드는 건데 그 수요보다 많이 쓰레기가 버려지잖아요. 그래서 재활용이 쓰레기 문제에 대해 근본적인 해결책은 아니라고 생각해요. 우선 쓰레기 발생 자체를 줄이는 게 먼저죠.

고금숙 그래서 저는 제도의 강력함을 믿어요. 아무리 말해도 듣지 않다가 정부가 재활용이 어려운 제품을 많이 만들면 세금을 더 걷고, 쉬운 제품을 만들면 세금을 감면해주는 '재활용 등급제'를 시행한다고 발표하니까 기업이 움직이잖아요. 이후 지금까지 유색 페트병을 만들던 기업들이 투명 페트병을 만들기 시작했어요. 충분히 만들 수 있는데 마케팅 때문에 재활용이 안 되게 만들었던 거죠. 이처럼 환경 관련 제도들은 단순히 벌을 주는 게 아니라, 기업들에게 가이드를 주는 방향으로 작용할 수 있어요.

우리는 일회용이 아니니까

긍정적인 변화는 시나브로 이루어지고 있다. 하지만 앞으로 갈 길도 멀다. 비록 작을지라도 우리가 더 해야 하고, 할 수 있는 일들을 알아보자. 변화의 시작은 용기 있는 반 발짝을 떼는 것부터니까.

듣뚝라 고금숙 님은 인도, 케냐, 태국 그리고 이탈리아를 방문하셨죠. 가서 어떤 것들을 보고 느끼셨나요?

고금숙 북유럽과 독일에선 페트병에도 보증금이 매겨진대요. 생수 한 병은 150원인데 페트병은 300원이에요. 그러니까 사람들이 페트병을 반납하게 되는 거죠. "케냐나 인도를 왜 가나, 북유럽을 가야지"라는 말을 들었는데요. 소위 환경보호로 유명한 나라는 이미 잘하는 걸 충분히 알고 있으니까 열악해 보이는 나라에 가고 싶었어요. 케냐의 경우 비닐봉지 규제가 없다가 세상에서 가장 큰 규제가 생겼는데, 비닐봉지를 소유만 해도 최대 약 4,000만 원의 벌금을 물어요. 그런 강력한 제도 덕분에 시민 의식이 성장할지, 아니면 블랙 마켓만 형성될지 알고 싶었어요. 부작용이 있긴 해요. 에티오피아 국경 지대의 암시장에서 비닐이 몰래 들어온대요. 그리고 인도는 뭄바이에서 일회용품을 쓰지 않겠다고 2018년부터 선언했어요.

들뚝라 케냐나 인도는 어떻게 보면 쓰레기의 극한을 경험해서 그런 제도가 나왔죠.

고금숙 네, 하수도를 막은 비닐봉지 때문에 하수가 범람해서 그 결과 말라리아가 발생하는 등 극한을 맛본 나라들이죠. 그래서 제도가 나왔을 때 반응이 좋았거든요. 우리나라도 비닐봉지 규제가 있는데 50평 이상의 매장에서만 전면 금지예요.

들뚝라 현실이 변화하기 위해서는 제도와 시스템이 바뀌어야 한다는 말에 너무 공감하는데 환경부의 정책에 대해 두 분은 어떤 생각을 갖고 계신가요?

정다운 과대포장에 대한 제도가 생겼으면 좋겠어요. 규제까지는 어려울 수 있어도 채소 등 묶음 포장을 안 하게 권고라도 하면 안 되나 싶어요. 제가 이용하는 동네 마트에서는 가지를 비닐로 여섯 개씩 묶어 팔거든요. '나는 한두 개만 필요한데 왜 무조건 여섯 개를 사야 하지? 낱개로 팔면 안 되나?' 하는 생각이 들었어요. 그리고 필요 이상으로 사면 썩어서 음식물 쓰레기도 발생하고요. 또 재활용품 선별장에 갔을 때 시중에 나온 플라스틱 종류가 70여 종 되는데 그곳에서 대응하는 건 10여 종 밖에 안 된다는 이야기를 들었어요. 60여 종은 선별장에 와도 어차피 쓰레기인 거죠. 선별장에서 대응할 수 있는 플라스틱 종류로 제품을 만들게 기업에 권고를 했으면 좋겠어요. 완전한 규제는 어렵겠지요. 대신 권고를 준수한 기업에 인센티브를 준다든가 했으면 좋겠어요.

들뚜라 그런 걸 보면 답답해져요. 개인이 할 수 있는 영역이 아니잖아요. 아무리 분리수거를 해도 그 10종에 포함되지 않으면 재활용이 안 되니까요. 제도적 뒷받침이 되어야 한다는 생각이 강하게 들어요.

고금숙 그래도 환경부는 칭찬해 주고 싶어요. '일회용품 함께 줄이기'라는 정책이 나오면서 로드맵을

짰어요. 2022년까지는 컵 보증제를 도입하기로 했죠. 제도도 중요하지만 이 제도를 완성하는 것은 결국 시민의 참여입니다. 사람들이 불편하다는 여론을 형성하면 정부가 정책을 이끌어 나갈 수 없습니다. 3퍼센트의 여론이 형성되면 제도가 바뀐다고 해요. 3퍼센트가 만들어질 수 있도록 여러분이 일부가 되어 주세요.

들뚝라 일상에서 실천할 수 있는 방법이 있을까요?

정다운 일상에서 가만히 있어도 훅 들어오는 일회용품들이 있는데 그것들을 '거절'만 해도 좋아요. 식당, 카페에서 주는 물티슈, 비닐봉지, 나무젓가락 등을 "안 주셔도 괜찮아요"라고 거절하는 거죠. 그리고 '나 하나 달라진다고 뭐가 바뀔까' 고민하는데, 저는 개인의 힘을 믿어요. 가령 모든 것을 다 바꿀 수는 없어도 내 단골 가게 하나는 바꿀 수 있거든요.

들뚝라 생각하지 못한 친절에 대해서 거절하는 게 중요하네요. 텀블러에 빨대를 꽂아 준다든가 하는 일이 서비스라고 생각하지만 거절하는 거죠.

고금숙 "비닐봉지 주지 마세요" "물티슈 괜찮아요" "나무젓가락은 됐어요" 모두 요청해야 하거든요. 역으로 일회용품 쓰는 사람이 달라고 해야 하는 사회여야 하는데 말이죠. 그런 사회까지 가기가 너무 먼 거죠. 그러나 이런 사회가 빨리 올 수 있도록 만드는 게 제도라고 생각합니다. 또 개인이 노력하는 게 힘들지만 이런 흐름이 사회적 변화를 만들 거예요. 거절만으로도 플라스틱 배출을 50퍼센트 이상 줄일 수 있습니다. '개인적인 것이 정치적인 것이다'라는 게 페미니즘에서 나온 말이지만 환경 운동에도 적용되죠.

들뜨라 고금숙 님도 개인이 실천할 수 있는 원헬스 방안을 추천해 주세요.

고금숙 우리가 미세 플라스틱을 하루에 15그램 정도 섭취한다고 해요. 대변으로 배출되지만 남은 미세 플라스틱은 염증을 일으킨다는 동물실험 결과가 있어요. 미세 플라스틱을 가장 많이 섭취하는 경로는 플라스틱 병에 담긴 생수입니다. 플라스틱 병뚜껑이 마찰되면서 미세 플라스틱이 나와요. 생수만 안 사드셔도 미세 플라스틱 섭취를 줄일 수 있어요. 한국은 정수가 잘되는 국가이기 때문에 텀블러를 들고 다니면 쉽게 물을 마실 수 있어요. 그리고 폴리에틸렌 백에 들어 있는 티백 대신 직접 차를 우려내서 마시는 걸 추천해요.

돌똑라 '100리터 쓰레기봉투 없애기 운동'도 하셨는데, 환경뿐만 아니라 청소 노동자들의 건강권까지 고려한 운동이잖아요.

고금숙 이탈리아는 쓰레기봉투가 70리터까지밖에 안 나오더라고요. 서울 마포구에는 100리터짜리 쓰레기가 25킬로그램 넘게 나온대요. 이걸 청소 노동자가 직접 쓰레기차로 던지는데 매우 위험해요. 저희가 5월 1일 노동절에 각자가 사는 지자체에 100리터 봉투를 금지하라는 민원을 넣었어요. 몇몇 지자체가 받아들여서 대표적으로 부산 해운대는 100리터 쓰레기봉투를 금지하고 75리터까지만 나와요.

돌똑라 두 분이 하는 활동은 쓰레기 줄이기를 넘어서 어떤 사람도 일회용품처럼 소비되지 않는 삶을 추구하는 것이 아닐까요. 고금숙 님이 쓰신 책 제목도 《우린 일회용이 아니니까》(슬로비, 2019)잖아요.

고금숙 맞아요. 단순히 일회용품 안 쓰기를 넘어서 삶의 속도를 늦춰야 한다고 생각해요. 일회용품은 편리합니다. 그런데 소중한 사람을 대접할 때 일회용품을 쓰나요? 아니잖아요. 그렇게 자기 삶을 돌보는 하나의 방법으로 플라스틱 프리 운동을 일상에서 즐겼으면 좋겠어요. 이건 불편함이 아니라 나 자신을 대접하는 활동이기도 해요. 안타까운 것은 젊은 세대가 그럴 시간과 자본이 없다는 거예요. 일상을 다른 방식으로 주조할 여유가 없죠. 한국 사회의 속도가 너무 빨라 대안을 생각할 틈이 없어요. 과연 여유 없이 플라스틱을 거부할 수 있을까요?

들뚝라 "환경 운동은 여유가 있는 사람들이 하는 거야"라고 말하는 사람도 있죠.

정다운 '플라스틱을 어떻게 줄일까'에서 대화를 시작했다가도 결국 삶의 지향점으로 이야기가 흘러가요. 그러다 보면 기본 소득에 대해, 어떤 일상을 꾸려야 할지에 대해 이야기를 하게 되죠. 환경 운동은 꼭 금전적인 여유가 있어야 하는 게 아니라고 생각해요. 저만 해도 이전보다 금전적인 여유는 없지만, 훨씬 더 환경에 관심 갖고 있어요.

고금숙 실제로 플라스틱 프리 운동을 하는 분들은 생활비가 40퍼센트나 줄었다고 해요. 이 운동의 본질은 소비를 줄이는 거예요. '중산층만 하는 활동이다'는 흠집 내기 같아요.

들뚝라 앞으로 어떤 사람이 되고 싶은지, 어떤 활동을 장기적으로 하고 싶은지 듣고 싶어요.

고금숙 "개인의 삶에서 어떻게 그린 뉴딜을 실천할 수 있을까요?"라고 누가 저한테 물어봤어요. 환경 일을 하면서, 가치 있는 일을 하면서 큰돈은 아니어도 생존할 수 있는 돈을 버는 것, 새로운 직업을 만들어내는 것, 자기 삶을 꾸려 나가는 것, 이것이 저는 셀프 그린 뉴딜이라고 생각해요. 일종의 '덕업일치'죠. 알맹상점 분들은 다 자원활동가예요. 이 일을 너무 하고 싶어서 시작한 영양사, 전업주부, 비건 셰프 등등이 계세요. 마지막으로 저는 이 활동을 하면서 다정한 사람이 되고 싶어요. 너무 바쁘니까 같이 하시는 분들을 못 챙기고 여유가 없는 제 모습을 발견할 때가 있어요. 일은 어떻게든 돼요. 그 사이에서 사람을 챙기면서 동료들의 씨앗이 되는 활동을 하고 싶어요. 우리는 일회용이 아니니까.

함께한 사람들

보선   작가. 그림을 그리고 글을 쓴다. 더 많은 존재가 덜 고통받길 바라는
마음으로 비건을 지향하고 있다.

듣똑라   이현, 홍상지

나도 비건이 될 수 있을까?

비거니즘은 모든 동물의 삶을 존중하는 가치관이자 삶의 철학이며 타자와의 공존을 위한 사유다. 내가 아닌 다른 존재를 생각하고, 그 존재의 안위를 걱정하며, 서로 간의 연결성을 느끼면서 책임감을 가지고 고민하는 태도인 것이다.

들뚝라 보선 작가님은 《나의 비거니즘 만화》를 쓰고 그리셨는데요. 이렇게 비거니즘에 대해 친절하면서도 날카롭게, 쉬우면서도 꼼꼼하게 설명해 주는 책은 오랜만이었어요. 어떻게 이 책을 쓰게 되신 건지 듣고 싶습니다.

보선 네, 제가 비건을 지향하자마자 이걸 그림으로 푸는 작업을 해야겠다는 생각이 들었어요. 비건이 되고 환경, 비인간 동물의 존재를 인식한 이후 모든 게 달라 보이는 거예요. '비거니즘을 지향하는 것은 나도 세상도 좋아지기 위한 하나의 방법이겠구나' 하는 깨달음이 있었어요. 이렇게 좋

은 건 널리 알려야겠더라고요! 만화라는 형식을
취한 이유도 동물권이라는 개념이 딱딱하게 들릴
수 있으니 친근하게 다가가기 위해서였어요.

돌뚝라 주변 비건인들에게 어떻게 비거니즘을 시
작하게 됐냐고 물어보면 이유는 가지가지더라고
요. 어떤 사람은 동물권 때문에, 어떤 사람은 환경
때문에…. 혹은 생태주의와 여성주의의 결합에서
환경 위기와 젠더 불평등을 해결하려는 에코페미
니즘 차원에서 비거니즘을 시작한 사람도 있었어
요. 그런데 보선 작가님은 언제 어떻게 비건에 관
심을 갖고 비건을 지향하게 되었는지 궁금해요.

보선 저는 동물권 때문에 비건에 관심을 가지게
되었는데요. 그전부터 육식을 하는 게 약간 불편
하긴 했었어요. 이런 제가 어떻게 결심하게 됐냐
면, 게리 유로프스키Gary Yourofsky라는 동물권 운동
가의 강연이 계기였어요. 그 운동가가 "인도적인
도살장이 존재할 수 있을까요? 그러면 인도적인
노예제, 아동 성매매, 강간, 대학살이 존재할 수
있을까요?"라고 묻는 거예요. 그 답은 "아니다"
잖아요. 그런데 저도 모르게 이렇게 생각하고 있
던 거예요. '비인간동물은 인간보다 감각이 무디

니까 거칠게 사육당하고 고통스럽게 도축을 당해도 비인도적이라고 말할 수 없지 않을까' 인간이 동물에 대해 행하는 폭력을 외면했던 거죠. 진실을 마주하고서 이제는 행동으로 옮겨야겠다는 생각이 들어서 비건을 지향하게 됐습니다.

듣똑라 의식주 전반에 걸쳐서 완전 비건을 지향하시는 거죠. 몇 년 정도 지속하고 계신가요?

보선 저는 2년 정도 됐어요.

듣똑라 《나의 비거니즘 만화》는 비건의 개념을 아예 몰랐다거나 비건 하면 '채식주의자'를 먼저 떠올리는 사람, 이제 막 관심을 갖기 시작한 사람이 읽기 좋은 책인데요. 책을 통해 독자들에게는 어떤 반응을 이끌어내고 싶으셨는지 궁금해요.

보선 저는 기존의 비건보다는 비건에 대해서 아직 아무것도 모르는 사람, 더 크게는 세상에 대한 자신의 사유를 넓히고 싶은 사람이 제 책을 통해 비거니즘을 접하면 좋겠다는 생각이었어요. 이 만화를 통해서 사람들이 비거니즘을 실천할 용기를 가지길 바랐어요.

들뚝라 보선 작가님이 생각하는 비거니즘은 어떤 건가요?

보선 비거니즘은 모든 동물에 대한 착취에 반대하고 모든 동물의 삶을 존중하는 가치관이자 삶의 철학이라 할 수 있는데요. 더 넓게 보면 타자와의 공존을 위한 사유라고 생각해요. 내가 아닌 다른 존재를 생각하고, 내가 아닌 다른 존재의 안녕을 위하고, 그 존재와의 연결성을 느끼면서 책임감을 느끼고 행동하고 고민하는 태도라고 생각합니다.

들뚝라 저희 원헬스 프로젝트에서 중요한 것도 '연결'이잖아요. 비거니즘도 같은 키워드를 공유하네요.

보선 마찬가지로 비거니즘에 다가가는 방법도 여러 가지예요. 채식을 시작하는 것뿐만 아니라 비인간동물에 대한 불편한 현실을 외면하지 않거나 비거니즘을 실천하는 사람들을 지지하는 걸 수도 있어요.

들뚝라 비거니즘을 시작하려면 엄청 큰 결심을 해야 된다는 생각 때문에 그동안 저어했던 게 사실이에요. 보선 작가님의 책은 그런 저에게 완벽하지 않아도 괜찮다고 북돋아주더라고요. 그리고 비거니즘이라고 하면 일상을 많이 규제해야 할 것 같은데, 사실 비거니즘은 삶을 가두는 틀이 아니라 평화적으로 삶의 폭을 넓히는 방향이라고 말씀해 주신 게 좋았어요.

보선 네, 다들 완벽해지기보다는 용기를 얻고 불완전하더라도 비건을 시작해 보셨으면 좋겠어요. 저는 비건에 관한 여러 가지 오해를 풀고 싶었고, 비건 지향에 대한 장벽을 낮추고 싶어요. 사회를 비건 친화적으로 만들려면, 다수가 필요하다고 생각하거든요. 소수의 완벽한 비건보다는, 다수의 불완전한 비건이 사회를 효과적으로 바꿀 수 있다고 생각해요.

들뚜라 실패나 실수에 대해서 두려워하지 말라고 하셨죠. '모든 시도가 실천이고, 모든 실천은 종착지가 아니라 과정인 것이다' 여기서 용기를 얻었어요. 작가님이 생각하기에 '이건 내가 썼지만 너무 좋다' 하는 부분이 있나요?

보선 제 자신의 말에서 도리어 제가 용기를 얻기도 해요. 예를 들면 주인공 아멜리가 "완벽하지 않아도 무사하고, 불완전해도 가치 있다"는 말을 하는 장면이 있어요. 얇은 초승달과 꽉 찬 보름달 둘 다 멋지다고 하잖아요. 이처럼 불완전한 실천을 믿는다는 것이 비거니즘뿐만 아니라 모든 실천에서 중요하다고 생각하기 때문에 그 부분을 그리면서 저도 마음을 다잡았어요.

육식에 대한 고민이 필요한 때

공장식 축산 시스템 속에서 살다 죽는 동물의 삶이란 어떤 걸까? 그런 동물의 삶은 동물뿐 아니라 인간과 환경에도 영향을 끼친다. 더 많은 고민과 논의를 하면서 우리는 한 발 더 나아가야 한다.

들뚝라 책 속 공장식 축산에 대해 설명하는 부분에서 서늘한 느낌이 들었어요.

보선 네, 공장식 축산에 대해서 최대한 객관적으로 그렸죠. 닭은 A4 용지보다 작은 장소에서 평생 산란계로 살아야 하고, 젖소도 평생 임신 상태로 우유를 생산하다가 생산성이 떨어지면 도축되고, 돼지들도 한 평 남짓한 곳에서 살다가 도축되고…. 이런 식으로 더 빨리, 많이 고기를 생산하는 게 공장식 축산이죠. 마트나 식당에서 흔히 접하는 고기, 달걀, 우유가 대부분 이런 상태에서 사육되는 동물에서 나오는 거예요. 전 세계 모든 농장

동물의 70퍼센트 이상이 공장식 축산에서 길러지고 있어요. 동물 복지 농장이란 것도 있지만 약간 넓은 공간일 뿐 똑같은 공장식 축산이죠.

들뚝라 동물 복지 시스템 제품은 전체 상품의 몇 퍼센트인 거죠?

보선 국내 시장에서 닭의 경우에는 15퍼센트 정도를 차지하고 있고요. 돼지는 0.3퍼센트밖에 안 돼서 구하기가 힘들어요.

들뚝라 원헬스 프로젝트를 진행하면서 그동안 살아있는 돼지와 상품화된 돼지고기를 분리해서 생각했다는 걸 깨달았어요. 살아있는 돼지의 도축 과정을 떠올리는 게 불편하니까 은연중에 회피해 왔던 거예요. 하지만 오늘 이 자리에서 직시하면 그런 공장식 축산 시스템뿐만 아니라 모피를 위해 사용되는 가축들, 양식업, 남획으로 인한 해양생물까지 고통받는 동물이 많죠.

보선 공장식 축산은 지속가능한 삶을 저해하고 있어요. 공장식 축산의 특징이 크게 다섯 가지인데요. 첫째로 밀집 사육, 둘째로 인공 시술, 셋째로 화약 약품 사용, 넷째로 곡물 사료 투여, 다섯째가 단일 품종 사육이에요. 이 시스템이 인간과 동물 그리고 환경에 고루고루 악영향을 끼치고 있다는 점을 알려드리고 싶었어요.

들똑라 공장식 축산이 인간, 동물, 환경의 건강에 어떤 악영향을 끼치나요?

보선 첫 번째는 환경오염이에요. 가축을 기르기 위한 목초지를 확보하려면 삼림을 많이 훼손해야 해요. 아마존의 70퍼센트 이상이 벌써 축산업 때문에 벌목이 되었어요. 그런데 이 아마존은 전 세계 이산화탄소 배출의 5퍼센트를 매년 흡수하고 있기 때문에 기후 문제와도 연결이 돼요. 두 번째로, 공장식 축산이 배출하는 온실가스도 어마어마한데요, 지구 전체 온실가스의 14~18퍼센트를 차지하고 있어요. 이건 자동차, 비행기 등 모든 운송수단이 배출하는 온실가스보다 많아요. 세 번째로 공장식 축산에서 가축이 배출하는 분뇨도 그 양이 엄청 많은데, 1만 마리 소에서 나오는 노폐물 양이 11만 명이 사는 도시에서 나오는 쓰레기와 맞먹어요. 국내에서는 900만 마리가 넘는 돼지와 200만 마리가 넘는 소가 길러지고 있으니까,

인구 5,600만 명 분의 분뇨가 배출되는 셈이죠. 공장식 축산은 인간의 건강도 해쳐요. 2011년 생산된 항생제 중 80퍼센트가 넘는 항생제가 가축에 쓰였는데, 그걸 우리가 고기 등을 통해 섭취할 위험이 있죠.

들뚝라 공장식 축산에 대해서는 많은 생각이 들어요. 지난 회차에 출연하신 천명선 교수님도 공장식 축산 시스템이 잘만 관리된다면 사실은 감염병에 취약하지 않을 수 있다고 말씀하셨는데요. 질병 관리 차원에서는 인간과 접점 없이 고립된 공간에서 빠른 기간 성장하고 도축되기 때문에 공장식 축산이 인수공통감염병을 퍼뜨린다는 말은 반은 맞고, 반은 틀리다고 하셨거든요. 하지만 전염병 방지의 차원을 떠나 '우리가 그것이 동물에게 옳지 않다고 생각하기 때문에 공장식 축산을 지양해야 한다'는 말씀도 동시에 하셨어요. 여기서부터 내 가치 판단이 중요하겠구나 생각이 들었어요.

보선 저는 감염병 예방 차원에서 효율적일지는 몰라도 정신적으로 동물들이 건강하지 않을 거라고 생각해요. 무엇보다 동물 윤리 차원에서 옳지 않고요.

들뚝라 비거니즘을 실천하다 보면 불편한 피드백을 받은 경험도 있으실 텐데요. 그런 상황에서는 어떻게 대응하시나요?

보선 비난하기 위해서 묻는 사람도 있지만 정말 궁금한 사람도 있거든요. 하지만 저는 그런 비난이 오해에서 비롯됐다고 생각해요. 예를 들어 "채소만 먹고 건강할 수 있겠어?"라는 질문에 대답을 하자면, 채식으로도 충분히 건강할 수 있다는 자료가 많아요. 저는 제 자신과 비건을 지향하는 다른 유명인들의 건강한 사례들을 예시로 들어요. 아무리 그래도 채식에 대한 확신이 안 서는 사람도 있을 거예요. 이럴 경우에 무조건 믿으라고 말하긴 어렵고, 본인이 이해되는 선에서 채식을 하면 좋겠다는 생각을 해요. '고기를 절대 먹지 말아야지'가 아니라 '채소를 충분히 섭취하자'라는 식으로요.

들뚝라 비건에 대한 궁금증을 해결하기 위해 여기저기 기웃대다 보니 비건에 대해 "식물은 안 불쌍해?" "채식하면서 왜 고기 맛이 나는 대체육을 먹어?" 같은 피드백도 종종 보여요.

보선 실제로 오직 땅에 떨어진 열매만 먹는 프루테리언Fruitarian이 존재합니다. 하지만 비건에서 동물에는 사람도 포함돼요. 그러니까 저는 인간인 자신의 건강을 해치면서까지 비건을 할 필요는 없다고 생각해요. 그리고 실제로 식물을 정말 위한다고 했을 때 채식이 더 효과적인 게, 일정량의 고기를 만들기 위해서는 동물의 먹이로 사람들이 채식을 할 때보다 더 많은 곡물이 소비돼요. 결국 채식을 하면 더 많은 식물을 보호할 수 있는 거죠.

들뚝라 동물에게 먹이기 위해 농식물을 훨씬 더 많이 생산하게 되니까 버려지는 식량도 많다고 하죠. 그게 환경 문제가 되기도 하고, 심지어 지구상의 많은 이가 식량 문제를 겪고 있잖아요. 소고기가 사람한테 공급하는 칼로리보다 소고기를 만드는 데 드는 칼로리가 몇 배나 더 많다고 해요. 육류 위주의 식단을 바꾸는 것만으로 더 많은 사람을 먹여 살릴 식량을 확보할 수 있다는 거죠.

보선 "채식하는데 왜 고기 맛이 나는 대체육을 먹어?"라는 질문에는 이렇게 대답하고 싶어요. 대체육을 먹는 이유는, 비건을 하는 것이 고기 먹는 게 싫어서가 아니라 동물권을 위해서잖아요. 대체육은 동물을 지키고 싶은데, 고기 맛은 좋아하는 사람들에게 비건의 장벽을 낮춰줄 유용한 제품이라고 생각해요.

들똑라 고기를 평생 안 먹고 살겠다는 결심까진 못해도, 과열된 육류 소비를 줄여야겠다는 생각은 모두가 해야 되겠어요. 우리가 매 끼니 고기가 있는 식사를 하게 된 게 얼마 안 됐거든요. 그리고 요즘은 실험실에서 만드는 고기도 미국에서 개발 중이라고 하더군요. 그런 대안들이 많아지면 다양한 비건 라이프가 가능해지고, 동참하는 사람도 많아지겠죠. 그래도 아직 유독 비건에 대해서는 불필요한 오해와 비난이 많고 사회가 너무 높은 도덕적 기준을 강요하고 있다는 느낌을 받곤 해요.

보선 비건을 완전무결한 도덕주의자로 오해하시는 분들이 많기 때문인 것 같습니다. 제 생각엔 비건이 아무래도 소수이다 보니까 거부감을 많이 느끼는 것 같아요. 예를 들어 환경을 보호하자는 주장이 있을 때, 일회용품을 많이 사용하는 사람들이 환경 운동가를 비난하는 경우는 거의 없는데, 유독 동물권을 위한 육식 반대의 주장에 대해서는 거부감을 많이 느끼고, 육식을 하는 자신에 대한 공격으로 받아들이는 분이 많아요. 사회가 아직 소수자에게 엄격하기 때문이죠. 그래서 꼭 비건을 하지 않더라도 이런 이야기를 많이 나누는 게 중요합니다.

개인이 가진 영향력을 믿어요

비거니즘은 단순히 식생활만 바꾸는 것이 아니다. 세상을 보는 시각과 태도까지 확장하고 바꾼다. 이렇게 내가 바뀌면 타인이 바뀌고, 더 나아가 세상이 바뀔 수 있다. 우리 각자가 자신의 영향력을 믿고 널리 사용하는 길을 알아보자.

들똑라 비거니즘을 접한 뒤 보선 작가님 스스로 삶을 바라보는 태도나 가치관에는 어떤 변화가 찾아왔나요?

보선 저는 개인이 가진 영향력을 믿게 됐어요. 일회용품 사용이라든가, 내 행동 하나하나가 환경에 어떤 영향을 미칠지 생각하고 조심하게 됐어요. 비건이 되는 것에서 그치는 것이 아니라, 내가 또 다른 혐오나 일종의 폭력을 행하고 있진 않은지 유념하게 됐고요. 일상에서 어떤 선택을 할 때도 공존을 위한 선택을 하려고 하고, 의도치 않게 누군가를 해치지는 않는지 생각하게 됐어요. 단순한 식생활을 넘어 삶의 태도에 있어서도 이렇게 달라지는 거죠. 그 밖에도 고기류를 좋아하다 비건이 되신 분들이 채소의 맛이 이렇게 다양한지 처음 알았다고 하는 경우가 많아요.

듣똑라 영향력에 대해 말씀해주셔서 생각이 났는데, '불완전해도 가치 있다, 완벽하지 않아도 한 발짝 더 가는 게 중요하다'는 것을 저는 보선 작가님에게서 많이 배웠거든요. "그렇지만 당장 내가 뭘 해야 할지 모르겠는걸요?"라고 하는 분들에게 작가님이 제안하고 싶은 실천 방안이 있다면 들려주세요!

보선 세상이 눈에 띄게 변하지 않아도, 저 자신이 변했다고 생각해요. 비거니즘은 동물, 환경을 위한 일이지만 결국 자신을 위한 일이기도 하죠. 제가 더 나은 사람이 되게 하는 신념이에요. 작은 실천은 가치가 없다고 생각하지 마세요. 이런 실천이 미미해 보여도 무력감에 무너지지 않았으면 좋겠어요.

듣똑라 비건을 지향하는 삶은 단순히 단순히 고기, 해산물을 안 먹는 게 아니라 동물을 착취하는 모든 행위를 하지 않으려 노력하는 삶이잖아요. 할 수 있는 게 굉장히 많지만, 그만큼 놓치는 부분도 생길 것 같아요. 비건을 수년째 해온 보선 작가님이지만, 특히 요즘 동물이나 환경을 위해 노력하는 습관이 혹시 있을까요?

보선 SNS에 육식 사진이나 동물성 제품 사진을 올리지 않기예요. 그런 사진을 전시함으로써 이게 당연하고 행복한 경험이라고 생각하잖아요. 그보다는 채식 사진이라든가 친환경 제품을 전시하면 선한 영향력을 끼칠 수 있을 거라고 생각해요. 또 저는 환경 단체, 동물권 단체의 SNS를 구독하고, '#나의비거니즘일기' 해시태그를 따라가서 다양한 게시물을 구경해요. 그러면 친환경 관련 정보도 얻을 수 있고, 무엇보다 저 혼자라는 느낌이 안 들어요. 제 곁에 같은 길을 걷는 사람들이 존재한다는 사실만으로도 용기가 되더라고요. 이런 습관 덕에 제가 중요하게 생각하고 있는 것에 대해 무뎌지지 않을 것 같아요.

돌똑라 '나 혼자 한다고 되겠어?' 같은 무력감에서 벗어날 수 있겠네요. 작가님이 비거니즘을 통해 궁극적으로 지향하는 삶은 어떤 모습인가요?

보선 공존가능한 삶, 지속가능한 삶을 위해 노력하는 모습이예요. 인간과 동물과 환경은 유기체로 묶여서 살아가는데, 환경을 황폐화시키고 동물을 학대, 착취하면 그중 누구도 건강한 삶을 지킬 수 없어요. 사람들이 조금씩 자신의 영향력을 깨닫고 자신과 연결된 존재의 안위를 걱정하게 되고, 공존에 대해 사유하면, 모두가 건강한 삶을 사는 세상이 되지 않을까요?

들뜩라 영화 〈아바타〉(2009)가 생각나네요. 비거니즘은 내 삶의 틀을 넓히는 과정 같아요. 어떤 장애물을 넘는 느낌이 아니라 '이렇게 생각하면 어떨까?' 하면서 시도하고, 그러면서 보이는 게 많아지는⋯. 천천히 함께 걷기 때문에 주변이 더 잘 보이는 길 같습니다.

함께한 사람들

김도현 청소년기후행동 활동가. 멋모르고 2019년부터 기후 운동에 뛰어들어, 시위·기자회견·소송·강연까지 방법 가리지 않고 기후 위기 대응을 각계에 촉구해 왔다. 그 과정에서 새로운 사회를 상상하는 힘, 지치지 않고 싸우는 마음가짐을 배웠다.

성경운 청소년기후행동 활동가. 생태를 연구하는 과학자가 꿈이다. 그러나 자신이 연구로 세상에 기여할 수 있을 때쯤이면 이미 기후 위기는 손 쓸 수 없는 상황임을 깨닫고 '지금' 변화를 만들기 위해 2019년부터 청소년기후행동에서 활동하고 있다.

들뚝라 홍상지

기후 위기는 우리의 미래를 훔치고 있어요

2020년 청소년기후행동이 헌법소원을 청구했다. 정부의 온실가스 감축 목표가 턱없이 부족하다는 기후 소송이었다. 기후변화는 더 이상 지체할 수 없는 문제라고 외치는 이들의 절실함에 귀를 기울여 보자.

들뚝라 먼저 두 분이 속한 청소년기후행동 단체가 궁금해요. 어떤 단체인가요?

김도현 기후변화가 너무 심각해지고 있으니 '더 이상 가만히 있으면 안 되겠다' '뭐라도 해 보자' 하는 생각에서 저희 청소년들이 직접 단체를 만들었고요. 2018년 8월에 시작해서 2021년에는 약 100명 정도 활동하고 있어요. 2019년에는 '기후를 위한 결석 시위'라고, 그레타 툰베리가 처음 시작해서 전 세계적으로 펼쳐지고 있는 시위를 한국에서 저희가 주최했어요. 환경부 장관과 서울시 교육감 등 정책 결정권자를 직접 만나서 기후 위기 관련 요구 사항을 직접 전달하기도 했어요. 2020년 3월 13일에는 정부와 국회를 대상으로 기후변화에 대해 너무 소극적으로 대응하고 있다는 것에 대해 헌법소원을 하기도 했어요.

들쭉라 2018년에 결성한 계기가 있나요?

김도현 저는 2018년부터 활동한 건 아니고 2019년 5월부터 활동을 했어요. 처음에 기후변화에 관심 있는 청소년들이 이야기하는 자리가 만들어졌는데, 관련 포럼에 참가한 사람들이 알음알음 모이면서 단체의 형태로 가자고 의기투합했어요.

들쭉라 두 분은 언제, 어떤 계기로 활동을 시작하게 되신 건가요? 기후변화의 위기가 두 분에게 성큼 다가온 순간이 언제인지 궁금합니다.

성경운 저도 사실 기후변화를 시급한 문제로 생각하지 않았어요. '과학기술이 발전하면 언젠가 해결되겠지' 정도로 생각했었죠. 그러다가 어떤 책에서 기후변화에 대한 내용을 읽었어요. 단순히 '북극곰이 죽고 있어'가 아니라 이대로 가다가는 우리가 진짜 기후 파국을 막을 수 없을지도 모른다는 내용을 깊게 다루고 있었어요. 그 책의 한국어판이 2011년에 나왔는데, 원서는 그전에 나왔겠죠? 그럼 '내가 열한 살이 되기도 전부터 과학자들이 이렇게 외쳤는데, 10년이 지난 지금까지도 아무런 변화가 없는 게 말이 되나?' 완전 '멘붕'이 왔어요. 그것이 시작이었습니다.

김도현 저는 인권 문제에 대한 관심이 기후변화에 대한 관심으로 확장됐어요. 기후변화 때문에 자연재해가 발생하고, 삶의 터전을 잃는 사람들이 있고…. 특히 2018년에 폭염이 우리나라에 닥쳤을 때 더위 속에서 일하다 사망하거나 쓰러진 노동자에 대한 뉴스를 많이 접했어요. 너무 충격적이었어요. 지금 나는 당장 피해를 입진 않았지만 '내가 그것으로부터 자유롭나?' 하고 스스로에게 물어봤어요. 아니잖아요. 나는 결국에 기후변화를 악화시키는 사회 속에 살아가고 있는 거니까요. 답이 안 보이더라고요. 그러다 우연히 한국에서도 기후변화에 대응하는 청소년 단체가 있다는 걸 알게 돼서 함께하게 됐어요.

들똑라 인권에 대한 관심이 자연스럽게 환경으로 넘어간 거군요. 인권과 기후변화는 뗄 수 없는 관계라고 볼 수 있겠네요. 해수면 상승으로 살곳을 잃은 기후 난민, 폭염, 산불로 인한 피해자가 존재하는 게 현실이니까. 코로나-19로 전 세계가 혼란에 빠졌는데, 두 분은 기후변화 관련 활동을 하면서 처음 맞은 대규모 감염병 사태잖아요? 그만큼 이번 사태가 달리 보이실 것 같기도 해요.

김도현 저는 기후 위기와 코로나-19 사태가 겹쳐 보인다는 느낌이 많이 들었어요. 이전과 같은 일상을 보내는 건 어려워졌고, 단기적으로 매일의 안위를 걱정해야 하는 상황이 됐죠. 기후 위기도 비슷하다고 생각하거든요. 게다가 기후 위기는 마스크를 써도 피할 수 없잖아요.

성경운 저 또한 기후 위기가 코로나-19와 비슷하다고 생각했어요. 예전부터 이런 대규모 전염병 사태가 일어날 거라는 예견이 있었잖아요. 코로나-19로 우리가 미처 상상하지 못한 부분에서도 피해가 속출하고 있고, 상상하지 못한 일상을 살고 있잖아요. 그리고 취약 계층에게 더욱 피해가 큰 것도요. 이렇게 많은 사람이 어려움을 겪는 사회를 보면서 기후 위기로 얼마나 더 큰 혼란을 겪어야 할까, 쓸쓸하고 불안했어요.

돌똘라 코로나-19 사태가 우리 사회에서 무엇이 취약한지 보여주고 있는데, 말씀하신 대로 팬데믹 사태와 기후 위기가 겹치는 부분이 보이기도 해서, 두 분의 이야기에 공감이 되네요. 2015년 파리협약이 있었죠. 각국이 노력을 해서 2100년까지 산업화 이전 대비 지구 평균 기온 상승 폭을 2도 이하로 낮춰야 한다는 합의였고요. 이후 2018년 인천 송도에서 열린 기후변화에 관한 정부간 협의체 IPCC에서는 지구 기온 상승을 1.5도 이하로 제한하는 특별보고서가 채택됐어요. 합의를 본 건 다행이지만 지구 기온 상승 폭을 막기 위해 각국이 얼마나 실질적인 대책을 마련할지는 또 다른 문제인 것 같거든요. 활동가로서 볼 때 국가들이 제대로 준비를 하고 있는 것 같나요?

김도현 말씀하신 IPCC 보고서를 보면, 지구 기온이 1.5도 오르면 인류가 감당하기 어려운 재난이 닥칠 거라고 과학자들이 이야기하잖아요. 지금 전 세계가 온실가스를 배출하는 속도를 보면, 1.5도가 오르기까지 빠르면 10년 남았다는 예측도 많아요. 10년 후면 저는 20대일 텐데, 아주 가까운 문제인 거죠.

성경운 지구의 환경을 위해서는 미국이나 중국 같은 큰 국가에 집중이 몰릴 수밖에 없긴 해요. 그렇다고 해도 한국이 미흡한 부분이 많아서, 부끄러우면서 화도 났습니다.

들뚜라 실제로 한국은 온실가스 배출국 7위로 '기후 악당'으로 분류되는 나라라고 하더라고요. 한국 정부는 2030년까지 온실가스 배출량을 37퍼센트 감축하겠다는 목표를 세웠는데요. 최근 해외 기후 분석 전문 기관에서는 이 감축안이 상당히 모자라다는 내용의 보고서를 내놓기도 했어요. 이 목표치에 대해 청소년기후행동은 어떤 입장인가요?

김도현 사실 우리가 미국이나 중국 탓을 많이 하지만 절대 우리도 그 못지않은 상황이라고 말하고 싶어요. 우리나라 온실가스 배출량이 7위지만 증가 속도만 보면 1, 2위를 다투거든요. 우리나라가 선진국에 가까움에도 불구하고 기후변화에 대한 대응이 너무 소극적이고 안일한 목표를 세우고 있다는 생각이 들어요. '이게 정말 최선인가'라고 묻게 됩니다.

듣똑라 청소년기후행동이 헌법소원을 낸 것도 비슷한 취지인가요?

성경운 네, 우리나라의 소극적인 감축 목표에도 문제가 있지만, 실천에도 문제가 많거든요. 2010년에 2020년까지 온실가스 감축에 대한 목표를 세웠는데 이것을 자의적으로 폐시한 일이 있었어요. 이대로 가면 우리 미래에 대한 안전을 보장받을 수 없겠다는 생각이 들었어요. 이건 헌법에 보장된 국민의 기본권에 대한 침해예요. 그래서 3월 13일에 청소년기후행동 소속의 활동가 19명과 함께 헌법소원을 냈습니다.

듣똑라 헌법소원과 함께 청소년기후행동이 정부에 촉구하는 대책에는 어떤 것이 있는지도 궁금해요.

김도현 온실가스를 감축하겠다는 목표가 소극적이고 불충분하기 때문에, 아무리 못해도 파리협약 수준까지는 맞춰야 하지 않겠느냐는 거예요. 대부분의 전기를 생산하는 석탄화석발전소를 없애고 재생가능 에너지로 바꾸는 게 따라붙는 조건이고요. 특히 미국 뉴욕시의 경우에는 2050년까지 온실 가스 배출량을 0으로 만들자는 법안을 내

놓았어요. 또 2019년부터 짓는 건물들은 강화유리로 외벽을 만드는 것을 금지하고 기존 강화유리 건물도 리모델링해야 한다고 할 정도로 강경한 대책을 내놓고 있거든요. 이런 강화유리 외벽 건물들은 냉난방 에너지 효율이 크게 떨어져 온실가스를 과도하게 배출할 뿐만 아니라, 투명한 유리 벽을 보지 못한 야생 조류가 벽에 부딪혀 죽는 동물 보호 차원의 문제도 있어요. 우리나라도 뉴욕시가 한 것처럼 대담하고 강력한 정책이 필요해요.

들똑라 온실가스 배출량을 2030년까지 37퍼센트 감축하겠다는 목표가 다른 나라와 비교했을 때 낮은 수치인가요?

김도현 지금 배출하고 있는 양에 따라 다르긴 한데, 각 나라의 감축 목표를 평가하는 국제기관인 클라이밋 애널리틱스Climate Analytics가 있어요. 그곳에 의하면 다른 나라도 우리나라처럼 목표를 세우면 지구 온도가 3, 4도나 상승할 거란 거예요. 이런 것을 보면 우리나라가 기후 대책에 대한 의지가 있는 건지 묻게 됩니다.

들똑라 2020년 환경부 장관과의 면담 등 정부 관

계자와 만났을 때의 이야기도 들려주세요.

김도현 환경부 장관님이 청소년기후행동을 만나 겠다는 연락을 받았을 때는 '드디어 우리 목소리를 듣는구나' 하는 기대를 했어요. 하지만 실망스러운 기억으로 남아 있어요. 파리협약을 지키는 온실가스 감축 목표를 세워달라고 했더니 '현실적으로 불가능하지 않으냐'는 이야기를 하시는 거예요. 청소년기후행동 같은 시민단체가 이런 흐름을 이끌어주면 정부도 적극적으로 나설 수 있다고 하는데, 무책임한 대답이라고 생각했어요. 정부가 선두에서 이끌어줘야 하는데, 그저 청소년을 칭찬하고 격려하는 건 저희가 원한 게 아니잖아요. 저희는 실질적인 정책과 행동을 원한 건데 결국에는 또다시 말로만 그친 것이어서 아쉬웠습니다.

학교에선 가르치지 않는 환경 문제

학교 현장에서는 시험에 나오지 않는다는 이유로 환경에 대해 깊이 가르치지 않는다. 청소년들은 직접 해외 사이트에서 자료를 찾아야 한다. 우리의 생존이 걸린 문제에 교육계가 너무나 둔감한 것이 아닐까?

들뚜라 현재 학교에서는 학생들에게 기후변화에 대해 어느 정도 수준으로 가르치고 있나요? 두 분은 어떻게 기후변화를 공부했는지 궁금합니다.

성경운 기후변화는 사례의 정도로 취급돼서, 굉장히 건조하고, 간단하게 짚고 넘어가거나 아예 언급이 되지 않는 경우가 많아요. 쉽게 말해서 "이런 건 시험에 안 나와" 하고 넘기는 거죠. 그래서 공부를 하려면 따로 해외 뉴스를 보거나 책을 찾아 읽어야 해요.

김도현 사회와 과학 교과서에 기후변화에 관한 내

용이 나와 있지만 선생님이 시험에 안 나온다고 넘겼어요. 그래서 정말 원론적인 내용 정도만 배우고 넘어가니까 환경 문제가 시급하게 느껴지지 않았어요. 말씀하신 IPCC 보고서나 청소년 기후 운동 등 환경 의제는 매우 빠르게 바뀌는데, 교육 과정은 아직 이런 흐름을 못 따라가는 것 같아요.

들쭉라 그럼 청소년 활동가들은 기후 위기에 대해 어떻게 배우고 있나요?

김도현 국내 자료가 많이 없어요. 인터넷에 영어로 'climate change'라고 검색하면 나오는 내용에 비해 한국어로 '기후변화'라고 검색하면 나오는 정보는 양적으로도 질적으로도 턱없이 빈약해요. 그래서 해외 기관에서 나온 보고서나 뉴스에 나오는 정보를 공유해요.

들쭉라 경제 포럼인 다보스 포럼에서도 기후 위기가 중요 문제로 등장할 정도로 정말 심각하다고 느꼈거든요. 교육 현장에서도 이 문제에 대해 더 잘 다뤄야 하지 않을까요? 기후 파업, 등교 거부에 대해 말할 때 빠질 수 없는 인물이 그레타 툰베리 잖아요. 그레타 툰베리를 시작으로 이후 등교 거

부 운동이 전 세계로 번졌어요. 이렇게까지 기후
파업에 전 세계 청소년들의 힘이 모일 수 있었던
이유는 뭔가요?

김도현 사실 정말 놀라운 일이죠. 어떻게 가난한
나라부터 부유한 나라까지 청소년들이 같은 의제
로 뭉칠 수 있을까요. 아무래도 모두가 똑같이 마
주한 현실이니까 가능한 거겠죠. 저는 태어날 때
부터 기후 위기 속에서 자랐는데, 십몇 년이 지나
도 바뀌는 게 없잖아요. 지금까지 정책 결정을 맡
은 기성세대에게 신뢰가 무너지는 경험을 청소년
세대가 공통적으로 겪었어요. 그래서 이제는 기
성세대에게 맡기고 두고볼 수만은 없다는 생각이
들었고, 거리로 나서서 우리의 목소리를 듣게 해
야 한다고 생각했습니다.

들뚝라 실제로 청소년기후행동은 '미래를 위한 금
요일Fridays for Future'의 한국 공식 지부잖아요. 참고
로 미래를 위한 금요일은 기후변화에 대한 대응
을 촉구하는 전 세계 청소년들의 연대 모임이죠.
2018년에 그레타 툰베리가 매주 금요일 스톡홀름
의회 앞에서 '기후를 위한 등교 거부'라고 적힌 팻
말을 들고 1인 시위를 벌이면서 시작되었어요. 이

런 연대를 통해서 다른 나라 청소년 활동가들과도 소통할 기회가 있었을 것 같아요.

성경운 전 세계에 지부가 있는데, 연락망을 통해서 소통하고 있어요. 호주, 포르투갈, 필리핀 등에서도 우리나라 청소년기후행동의 헌법소원을 응원한다는 메시지를 보냈어요.

들뚝라 그렇게 연대가 이뤄지고 있었네요.

김도현 서로의 SNS에 '좋아요'를 눌러주기도 하고, 서로 자기 나라 캠페인을 홍보하기도 해요.

들뚝라 캠페인 중에서 재미있거나 인상 깊었던 것이 있었나요?

김도현 '0000 클래스class of 0000'라고 미국의 졸업식에서 했던 캠페인인데요. 미국 내의 여러 학교에서 희망하는 청소년들을 모아서 미리 졸업 연설을 같이 준비했어요. 기후 위기에 대한 경각심을 알리는 내용으로 말이죠. 졸업 연설자가 연설을 할 때는 보통 졸업 후 미래에 대한 희망적인 말을 하잖아요. 그런데 이 연설자들은 '기후 위기 대응을

하지 않으면 우리 세대에게 미래가 없다'는 메시
지를 전하는 거예요. 여러 학교에서 동시다발적
으로 이런 메시지가 울려 퍼지는 거죠.

들뚝라 미국의 청소년들이 의미 깊은 캠페인을 했
군요. 처음에는 청소년의 목소리에 잘 주목하지
않았죠. 그런데 지금은 많은 언론에서 귀담아듣
고 있고, 관심이 모인 것 같습니다. 그렇게 된 시
기가 언제쯤이었던 것 같으세요?

김도현 2019년 9월 27일에 있던 결석 시위 때부터
라고 생각해요. 130건이 넘는 언론 보도가 나왔어
요. 가을 운동회라는 콘셉트로 준비해서, 박 터뜨
리기를 하면 플래카드에서 기후 위기에 적극 대응
하라는 문구가 나오게 하기도 하고, 제기차기, 림
보 등을 시위 현장에서 다 같이 했어요. 우리나라
정부의 기후 정책을 평가해서 역으로 성적표를 만
들기도 했고요. 사람들이 즐길 수 있는 시위를 만
들자는 생각으로 기획했었거든요. 이런 방식이
사람들의 흥미를 끌었어요. 그 시위를 계기로 같
이 하겠다는 동료들도 지금은 많이 늘어났어요.

들뚝라 〈EBS 다큐프라임〉 '시민의 탄생' 편에서

청소년기후행동의 활동을 다뤘었는데요. 이 시위를 준비하는 과정이었죠?

김도현 네. 대안학교, 외국인학교, 일반고 등 다양한 학교에서 500명 정도의 청소년이 왔어요. 시험 3일 전인데 지방에서 기차 타고 온 사람도 있었어요. 준비하면서 사람들이 많이 안 오면 어쩌나 걱정했는데, 감사했어요.

들뚝라 시위를 위해 학교를 빠진다는 건 한국에서 엄청난 거잖아요. 그만큼 이 의제에 동의하고 이것이 내 이야기라는 공감대가 청소년 사이에서 크게 형성된 거죠.

김도현 대학에 간 뒤에, 성인이 된 다음에 활동해도 늦지 않다고 말하는 어른이 많습니다. 하지만 우리가 어른이 되었을 때 기후 위기 대책을 세우면 이미 늦었을 거예요. 청소년도 자신들이 살아갈 미래를 위해 적극적으로 사회 참여를 할 수 있는 환경이 조성되어야 하지 않을까요.

들뚝라 사실 한국은 입시 경쟁이 치열한 나라이기도 하죠. 이런 상황에서 학교에 빠지고 기후 파업

활동을 하는 게 쉽진 않을 것 같아요. 친구들에게 "동참하자"라고 말하는 것도 부담이 없진 않을 것 같고요. 그런데도 여러분이 지금 이 활동을 지속하고 있는 이유는 무엇인가요?

성경운 어떤 임계점을 넘어서는 순간부터는 인류가 아무리 노력을 해도 더 이상 대응할 수 없는 순간이 온다고 해요. 만약에 이대로 아무것도 안 해서 파국으로 치달은 상황을 상상하면 굉장히 두렵잖아요. 모두가 피해를 받을 텐데, 가장자리에 있는, 가장 취약한 사람들부터 먼저 다치겠죠. 기후 위기도 어떻게 피해가 올지는, 지금 무엇을 상상하더라도 그것보다는 클 거예요. 그 피해가 상식적으로 상상할 수 없는 정도라는 점이 저에게는 아프고 힘들게 다가왔어요. "어른이 돼서 해결해라"고 하는데 그때가 되면 이미 늦었죠. 그런 절박함이 지금 당장 가만히 있을 수 없게 만들어요.

김도현 활동에 시간을 많이 쓰기는 하지만, 그 과정이 힘들지만은 않아요. 원래는 기후 위기가 문제라고 느껴도 저 혼자 전기 절약하는 등 작은 실천으로 만족할 수밖에 없었다면, 이제는 같이 행동하는 사람들이 있고 우리 목소리가 영향력이 있

다는 확신이 드니까요. 운동의 원동력이 생겨서
즐겁기도 해요.

듣똑라 청소년이라는 이유만으로 듣게 되는 말들
이 있잖아요. "일단 지금은 공부부터 해라" "너네
가 지금 당장 뭘 바꿀 수 있겠니" 이런 말들에는 어
떤 대답을 하고 싶으세요?

　　　　김도현 지금은 착실히 공부하고, 그다음에 바꾸는
　　　　것이 더 영향력이 크지 않겠냐는 말을 들었는데
　　　　저는 그건 거짓말이라고 생각해요. 제가 어른이
　　　　됐을 때 갑자기 기후 위기를 해결할 수 있는 힘이
　　　　생기는 게 아니잖아요. 지금 자기 자리에서 할 수
　　　　있는 일을 하는 게 중요하고, 그게 시민으로서의
　　　　책임이라고 생각합니다.

듣똑라 "대학 가려고 환경 운동 하는 거니?"라는
질문도 많이 받으세요?

　　　　김도현 네, 기사 댓글을 봐도 그런 말이 많고, 주변
　　　　친구들도 그렇게 생각하는 경우가 많았어요.

성경운 저도 대학에 입학하니 선배들이 그렇게 생

각하는 경우가 있었어요. 그런데 그런 활동이 입시에 많이 반영되는 게 아니거든요. 오히려 학업 시간을 쪼개서 바쁘게 살고 있는 거죠.

들뚝라 학교 선생님들은 뭐라고 하시나요?

김도현 저 같은 경우에는 특별히 학교에서 반대는 없었어요. 그런데 아무리 반대가 없어도 제가 스스로 좀 꺼려지는 건 있죠. 학교라는 공간에서 마음껏 홍보하고, 친구들에게 더 알리는 데는 좀 제약이 있는 것 같아요. 특히 2019년 9월 27일 시위를 나갈 때는 현장체험 신청서를 내고 나왔는데, '기후를 위한 결석 시위'라고 적기가 망설여져서, 결국 캠페인이라고 돌려 적었어요. 이런 사회 참여, 학교에서 배운 것을 밖에서 실천하는 것에 대해 학교 안의 지지가 더 많아졌으면 좋겠다는 바람이에요.

성경운 '기후변화를 극복할 수 있냐, 없냐' 이런 차원의 논의에서 벗어나서, '얼마나' 바꿀 수 있는지를 생각해야 해요.

모두의 반 발짝이 모인다면

환경 파괴의 책임을 개인에게 돌려선 안 된다. 정부와 기업이 더 책임감을 가져야 한다. 그렇지만 정부와 기업을 바꿀 수 있는 것도 결국 개인이다. 그래서 우리의 힘을 과소평가해선 안 된다.

들똑라 큰 변화가 일어나려면 기업이, 정부가, 전 세계가 움직여야겠죠. 하지만 지금 당장 개인 한 명 한 명이 할 수 있는 행동은 없을까요?

김도현 정부와 기업이 움직여야 변화하는 것은 맞지만, 결국 주체는 시민이라고 생각해요. 지금까지는 대중교통을 타자, 재활용을 하자, 여기서 그쳤다면 플러스 알파가 필요한 시점이라고 생각해요. 학교, 직장 등 자신의 커뮤니티에서 기후 관련 논의가 커져야 하고, 기후 대응 공약을 내세우는 후보에 투표하는 것, 환경 보호 의지를 가진 기업의 제품을 소비하는 것도 중요하죠. 일상 속 행동이 가치 없다는 것은 아니지만, 그게 더 큰 영향력으로 연결될 수 있다면 더 긍정적인 결과를 안겨 주지 않을까 생각해요.

들똑라 이런 이야기를 하는 사람들도 있지요. "코로나-19로 지금 당장 경제가 너무 어려운데 기후변화까지 어떻게 신경을 써?" 그렇기 때문에 각국 정부나 기업들이 기후변화에 더 소극적으로 대응하는 것 같기도 하고요. 이런 반응에 대해 활동가들은 어떤 이야기를 해 주고 싶으신가요?

김도현 경제와 환경이 반대 개념이라고 생각하기 쉽죠. 그런데 장기적으로 보면 기후 위기도 경제 문제예요. 자연재해가 자주 일어나면 그걸 수습하는 데 자원을 투입해야 하고, 기후 위기가 심해질수록 농업 생산량도 급속하게 줄어들거든요. 과거에는 화석연료에 의존해서 우리나라가 크게 발전했지만, 더 이상 그게 통하지 않는 시대가 온 거죠. 또 최근에 EU에서 '탄소국경세'를 시행하겠다는 이야기가 나왔는데, 탄소 배출이 많은 수입품에 대해서 더 많은 관세를 매기겠다는 거예요. 한국은 수출 중심 국가니까 타격이 굉장히 크겠죠. 기후 위기에 대응하는 국제사회의 흐름을 따라가지 않으면 경제적으로도 피해를 입게 되는 상황이에요.

성경운 작은 실천이 모여서 분명 뭔가를 해결할 수 있어요. 이런 실천을 개인이 하는 것은 가치 있는 일이라고 생각해요. 물론 기후 위기를 막기에는 현실적으로 불가능한 면이 있지만, 거기서 끝나는 것이 아니라 더 많은 사람에게 알리고, 문제의식을 느끼고, 여론을 만들 때 본질적인 변화를 만들어나갈 수 있으니까 중요하다고 생각해요. 그렇지만 국가나 기업에서 '개인이 실천해서 해결합시다'라고 하는 것은 개인한테 책임을 전가하는 게 아닐까 싶어요. 매년 4월 22일은 '지구의 날'인데요. 환경부에서 캠페인으로 텀블러 쓰기, 재활용하기, 전력 아끼기 등을 적고 '우리가 해결할 수 있다'고 말하더라고요. 그걸 보면서 '음, 이건 아닌데'라고 생각했어요. 정부와 기업이 개인들에게 '너희들이 해결할 수 있어'라고 책임을 떠미는 건 잘못된 거잖아요. 의미는 있지만 나아갈 수 있게 주도적으로 이끄는 건 정부와 기업이어야 하죠. 그런 주체들이 개인에게 책임을 전가하는 건 웃긴 일이라고 생각했어요.

들뚝라 청소년기후행동이 앞으로 계획하고 있는 활동을 알려주세요.

성경운 2019년에는 정부를 타깃으로 캠페인을 많이 했어요. 앞으로는 좀 더 확장해서 국회, 교육청을 타깃으로 할까 합니다. 국회에는 기후 위기 관련 법을 제정하라고 요구할 예정이고요. 교육청도 할 수 있는 일이 분명 있거든요. 교육청 예산을 석탄에 투자하는 은행에 투자하잖아요. 석탄에 투자하지 않는 깨끗한 은행에 예산을 맡기라고 요구할 예정이에요.

들뚝라 국회에 촉구하는 법에 대해 좀 더 자세히 이야기해주세요.

김도현 아까 뉴욕시 이야기도 했듯이 우리나라는 파리협약에도 가입한 상태지만, 국내에서 잘 이행이 안 되는 것이 문제잖아요. '2050년까지 온실가스를 0으로 만들자' 같은 강경 목표부터 시작해서 어떻게 이행할지의 계획, 그리고 그것을 포괄할 수 있는 대응 법이 필요하다고 생각합니다.

들뚝라 두 분이 각자 가진 목표도 있으신가요?

성경운 아직 개인의 목표와 단체의 목표를 분리해서 생각하긴 어려운데, 2020년이 저희에게 중요한 해죠. 헌법소원을 오랜 기간 준비해서 제출을 했고, 사전 심사를 통과해서 변론 과정이 남아 있어요. 정부 쪽에서 대리인을 위임했다고 하니까 정부도 살펴볼 준비를 하는 것 같아요. 판결이 어떻게 나오는지 지켜봐야 해요. 위헌 판결이 나오면 국회에서 정말로 온실가스 배출 목표를 수정해야 하거든요. 진행 상황이 청소년기후행동 SNS와 홈페이지에 있으니 지켜봐 주세요.

들뚝라 마지막으로 꼭 하고 싶은 말이 있다면요?

성경운 저희가 거룩하고 성스러운 이유로 기후 운동을 하는 것이 아니에요. 우리의 안위와 우리의 미래, 주변 사람들의 안전 등 당연하고 사소한 것들, 그렇지만 곧 눈앞에서 무너질 것들을 위해 하고 있어요. 우리 모두의 문제라고 말하고 싶어요. 시간적, 공간적으로 멀리 있는 일이 아니고 다른 나라의 일이 아니니까 연대해 주셨으면 해요.

김도현 저희는 중요한 갈림길에 서 있어요. 파국을 맞을 것인가, 지속가능하고 존엄한 미래로 갈 것인가. 어느 쪽이 될지 떨려요. 저는 그래도 우리 사회가 옳은 선택을 할 것이고 변화할 수 있는 가능성을 믿어야 한다고 생각해요. 더 많은 사람이 함께해 준다면 바뀔 수 있을 거라고 믿어요.

같이해요! 원헬스 프로젝트

혼자서 지구 한 바퀴를 걷는 것은 오랜 시간이 걸리지만, 모두 함께 걷는다면 한 발짝으로도 순식간에 지구 한 바퀴를 돌 수 있습니다. 완전한 한 명보다 불완전한 여러 명이 낫습니다. 소중한 사람들과 함께 나만의 에코 라이프를 실천해 봅시다.

넷째 주 원헬스 미션

새싹 미션

☐ 분리수거 꼼꼼히 하기
  - 페트병 라벨지, 택배 상자 테이프는 뜯어서 버려요.
  - 용기 내용물은 씻어서 버려요.

줄기 미션

☐ 음식물 쓰레기 최대한 줄이기
  - 먹을 만큼 요리해요.
  - 내 몫의 음식은 남기지 않아요.

나무 미션

☐ 생활용품을 친환경 아이템으로 서서히 교체하기
  - 대나무 칫솔, 비건 화장품, 천연 수세미 등을 써요.

느리지만 확실하고 소중한 변화

이지상 기자

고백하건대, 저는 정말 맥시멀리스트입니다. 뭐든 좋아 보이면 일단 장바구니에 담고, 배송비 아끼려고 굳이 불필요한 걸 몇 개 더 집어넣는 사람입니다. 투명 파일이 하나 필요해 문구점에 들렀는데, 정신 차려보니 투명 파일 3개, 지우개 1개, 접착제 1개, AA 건전지 16개, 형광펜 1개, 마스킹 테이프 1개, 포스트잇 1개, 양면 색종이 1개 등을 계산하는 저를 발견하고 깜짝 놀란 적도 있답니다. 당장 쓸 생각이 없으면서도 '막상 쓰려고 할 때 없으면 불편하니까'라는 생각으로 오만 짐들을 못 버린 채 싸들고 살아왔습니다. 기분 내킬 때 사고, 정리는 다음으로 미뤘죠.

그렇게 살다가 든뚜라 팀원들을 만나고, 서로의 삶을 어깨너머로 곁눈질하다 깨달았습니다. '아, 내가 나를 정성스럽게 대접하지 않고 있구나.' 즉각적인 스트레스 해소를 위해 쇼핑을 하고, 배달 음식을 습관적으로 주문하고, 남들이 좋다는 걸 이유 없이 따라 사는 삶은 건강하지 않다는 게 보였습니다. 그래서 같이 살고 있는 우리 가족과 "더 이상 이렇게 엉망진창 되는대로 살지 말자"는 다짐을 할 무렵 운명처럼 '원헬스 프로젝트'를 만났습니다.

사실 원헬스 프로젝트는 제 인생을 바꾼 거나 다름없습니다. 물론 이 프로젝트로 순식간에 인생이 180도 바뀌고 제가 미니멀리스트로 급변하진 않았지만, 분명 제 인생에 완벽히 스며든 것이 있죠. 바로 넷째 주 미션이었던 '생활용품을 친환경 아이템으로 서서히 교체하기'입니다.

저는 넷째 주 미션의 핵심이 '교체하기'에 있다고 생각했습니다. 지금 있는 제품을 다 쓰고 난 뒤 친환경 제품을 사야 의미가 있을 거라는 생각이 들었어요. 왜냐하면 저의 수납장에는 이미 대량 구매한 샴푸, 린스, 보디워시, 칫솔 등이 산처럼 쌓여 있었거든요. 이 상황에서 친환경 제품이랍시고 무턱대고 새 제품을 더 구매하는 것은 낭비력만 +1이 되는 것일 뿐 진정한 원헬스 프로젝트가 아닐 거라고 생각했습니다. 무엇보다 그렇게 지금 갖고 있는 것들을 소진하는 의식을 치러야만 제가 그간 갖고 있던 불안감을 내려놓을 수 있을 것 같았습니다. 늘 미리 불안해하며 필요보다 더 쟁여 놓고 있어야만 안정감을 느끼는 사람이 저입니다. 뭘 잘 버리지도 못하고, 몇 년간 쓰지 않아도 일단 서랍에 쟁여 놓아야만 마음이 편합니다. 제 안의 평화를 찾기 위해서라도 '지금 갖고 있는 것들은 찬찬히, 낭비 없이 소진한 뒤에 친환경 제품을 산다'는 원칙을 세웠습니다.

그리하여 넷째 주 마지막 미션 '생활용품을 친환경 아이템으로 서서히 교체하기'를 수행하는 데 무려 8개월이 걸렸습니다. 그것도 샴푸와 칫솔만 쟁여놓은 것을 다 쓰고 고체 샴푸와 대나무 칫솔로 교체하는 데 그 정도 걸렸고, 린스와 비누, 보디워시는 아직도 남아 있습니다. 명절에 받은 종합선물세트나 쇼핑한 것을 저에게 나눠주길 좋아하는 엄마도 미션 완수 장기화에 한몫했습니다. 중간에 정말 몇 번이나 대나무 칫솔, 고체 샴푸, 친환경 수세미를 장바구니에 넣었다 뺐는지 모릅니다.

새삼 제가 정말 불필요하게 많은 것을 소유하고 있다는 걸 절실하게 깨달았습니다. 세상에, 쟁여 놓은 샴푸를 다 쓰는데 8개월이라니! 정신이 번쩍 들었습니다. 이렇게 제가 불필요한 소비를 하는 것이 얼마나 지구를 아프게 하는가에 대해 돌아보게 되었죠.

이제 최대한 탄소 배출이 적은 친환경 제품을 사용하고, 집 근처 제로 웨이스트 숍에서 리필해서 쓰는 데 익숙해졌습니다. 그 뒤로 차츰 옷, 가방 등 많은 것을 다양한 방식으로 정리하기 시작했습니다. 비우며 홀가분해지는 기분이 참 좋거든요.

혹시나 저와 비슷한 마음으로 미션 수행이 어렵다고 느낀 분이 있다면, 부담 갖지 말고 지금 갖고 있는 걸 쓰면서 더 사지 않는 데서 시작해 보길 바랍니다. 친환경 제품으로 교체하는 그 순간의 뿌듯함과 참았다 사는 순간의 기쁨이 우리를 기다리고 있을 겁니다.

나 하나가 뭔가를 바꿀 수 있을까?

2020년, 코로나-19가 우리를 찾아왔습니다. 코로나-19는 인간의 통제 범위를 일찌감치 벗어났고, 오랫동안 감염병을 연구해온 사람들의 예상은 번번이 깨졌습니다. 불확실성은 혐오를 만들어냈죠. 특정 국적, 계층의 사람들이 혐오라는 틀에 갇혀 고립됐습니다.

저는 당시 쏟아지던 기사들에 적잖이 피로했습니다. '코로나-19는 왜 나타난 걸까?' '박쥐한테 있던 바이러스가 인간에게 어떻게 왔을까?' 등 가장 기본적인 질문의 실마리를 찾고 싶었습니다. '들똑라가 그 근본을 짚는 기획을 하면 좋겠다'고 머릿속으로만 생각했죠. 그러다 우연히 한 기사를 접했습니다. "충격과 공포를 넘어… '코로나 바이러스'를 생각한다"라는 제목의 기사였습니다. 대학에서 수의학을 전공한 한세현 기자가 수십 건의 참고문헌을 바탕으로 코로나 바이러스를 분석한 것이었습니다. 이 기사를 통해 '인간과 동물, 환경의 건강이 서로 연결돼 있다'는 '원헬스'의 개념을 처음 알게 됐습니다.

원헬스 개념이 이렇게 주목받게 된 건 결국 '인간' 때문이었습니다. 개발을 명목으로 야생동물의 터전을 빠른 속도로 침범하고, 야생동물을 길들여 가축화하며 인간과 동물, 자연 세계 간 거리는 한층 더 가까워진 것입니다. 코로나-19뿐만 아니라 사스, 조류독감, 신종플루, 메르스, 에볼라 등 동물과 사람 사이에서 상호 전파되는 인수공통감염병은 대부분 그 접점에서 나온 결과물이었습니다.

시사 콘텐트로 밥벌이하는 사람 입장에서도 원헬스는 현재 상황을 꿰뚫는 가장 시의성 있는 개념으로 다가왔습니다. 비거니즘, 노 플라스틱, 제로 웨이스트 등의 실천도 결국 우리의 행동이 동물·환경과 연결돼 있다는 믿음에서 나온 삶의 방식입니다. 그렇다면 학술 용어에 머물렀던 원헬스의 개념을 좀 더 확장해 우리 일상에도 적용해볼 수 있지 않을까? 원헬스 프로젝트의 밑그림이 그려지기 시작했습니다.

듣똑라의 원헬스 프로젝트 목표는 명확했습니다. 환경 이슈는 먼 미래에 해결할 문제가 아닌 지금 우리 앞에 당면한 문제임을 설명하는 것. 그리고 이 문제에 공감하는 사람들에게 각자가 할 수 있는 미션을 제시해 함께 일상을 조금씩 바꿔나가는 것. 눈앞에 있는 환경 문제를 직시하고 개개인의 효능감을 높일 최선의 방법을 찾는 게 프로젝트의 관건이었습니다.

콘텐트의 방향은 코로나-19가 전 세계에 번진 현 상황을 진단한 뒤 그 근본에 있는 동물과 환경에 대한 이야기로 서서히 넓혔습니다. 그 과정에서도 인간-동물-환경 간 연결고리를 설명하기 위해 노력했습니다. 마지막 콘텐트는 일상에서 이미 원헬스를 실천하고 있는 사람들의 이야기로 채웠습니다. "다 알겠는데, 저 하나가 뭘 바꿀 수 있을까요?"라는 질문에 대한 답을 주고 싶어서였습니다.

이걸 가능하게 만든 건 흔쾌히 인터뷰에 응하고 이후 도서 작업에도 도움을 주신 게스트들 덕분입니다. 수의학과 교수(천명선 서울대 수의학과 교수), 비거니즘을 주제로 책을 쓴 작가(보선 작가), 극지방 동물을 연구하는 전문가(이원영 극지연구소 연구위원), 청소년 기후 위기 활동가(김도현, 성경운 청소년기후행동 활동가), 환경 담당 기자(김정연 중앙일보 기자), 제로 웨이스트 상점·카페 운영자(고금숙 활동가, 정다운 보틀라운지 대표) 등 다양한 게스트가 함께해 콘텐트를 더 풍성하게 채웠습니다. 막연하게만 알던 기후변화와 환경, 동물권 문제 등을 좀 더 정확하면서도 쉬운 언어로 배울 수 있었습니다. 이 자리를 빌려 한분 한 분에게 다시 한번 감사의 인사를 전합니다.

책을 준비하며 돌이켜보니 원헬스 프로젝트는 콘텐트 제작자인 들똑라와 구독자 들똑러가 함께 공부하고, 함께 만들어 간 '우리'의 프로젝트였습니다. 들똑라가 기획한 원헬스 프로젝트에 들똑러가 호응하고, 그 응답에 들똑라는 원동력을 얻어 앞으로 나아갔습니다. 이 모습을 옆에서 지켜보다가 프로젝트에 합류한 사람도 많았겠죠. 그렇게 우리는 우리의 영향력을 함께 키워갔습니다. 이 책 또한 그 결과물이고, 원헬스 프로젝트 시즌 2이기도 합니다. 책을 통해 또 한 번 더 큰 차원의 원헬스 프로젝트가 이어지길 바랍니다. 그리고 이 책의 마지막 장이 누군가에게는 또 다른 시작이 되길 기대합니다.

2021년 여름
홍상지 기자

듣똑라가 추천하는 원헬스 콘텐트

Movie & Documentary

〈그레타 툰베리〉
나탄 그로스만 감독, 2020

〈더 게임 체인저스〉
루이 시호요스 감독, 2018

〈몸을 죽이는 자본의 밥상〉
킵 안데르센·키간 쿤 감독, 2017

〈익스플레인:'코로나바이러스를 해설하다'〉
넷플릭스, 2020

〈씨스피라시〉
알리 타브리지 감독, 2021

〈카우스피라시〉
킵 안데르센·키간 쿤 감독, 2014

〈컨테이젼〉
스티븐 소더버그 감독, 2011

〈EBS 다큐프라임 시민의 탄생 2부 '이런다고 바뀔까요?'〉
EBS, 2020

Book

《그건 쓰레기가 아니라고요》
홍수열 지음, 슬로비, 2020

《나는 풍요로웠고, 지구는 달라졌다》
호프 자런 지음, 김은령 옮김, 김영사, 2020

《나의 비거니즘 만화》
보선 지음, 푸른숲, 2020

《동물 해방》
피터 싱어 지음, 김성한 옮김, 연암서가, 2012

《동물이 건강해야 나도 건강하다고요?》
이항·천명선·최태규·황주선 지음, 휴머니스트, 2021

《물속을 나는 새》
이원영 지음, 사이언스북스, 2018

《바이러스 쇼크》
최강석 지음, 매일경제신문사, 2020

《사랑할까, 먹을까》
황윤 지음, 휴, 2018

《이무튼, 비건》
김한민 지음, 위고, 2018

우리를 구할 가장 작은 움직임, 원헬스

초판 1쇄 | 2021년 8월 30일

지은이 | 듣똑라

발행인 | 이상언
제작총괄 | 이정아
편집장 | 조한별
책임편집 | 최민경
편집 | 우경진

진행 | 조창원
본문 일러스트 | 최진영
디자인 | this-cover

발행처 | 중앙일보에스㈜
주소 | (04513) 서울시 중구 서소문로100(서소문동)
등록 | 2008년 1월 25일 제2014-000178호
문의 | jbooks@joongang.co.kr
홈페이지 | jbooks.joins.com
네이버포스트 | post.naver.com/joongangbooks
인스타그램 | @j_books

© 듣똑라, 2021
ISBN 978-89-278-1248-7 03300

중앙북스는 중앙일보에스㈜의 단행본 출판 브랜드입니다.